ケンブリッジ式

Cambridge Style
The Art of
One Minute Preparations

1分間段取り術

塚本 亮
Ryo Tsukamoto

あさ出版

はじめに

「仕事に追われて毎日が過ぎ去っていく」
「あれこれ考えて目の前の仕事に集中できない」
「頑張っても良い評価がもらえない」

私は、ケンブリッジ大学の大学院で心理学を学んだ後、グローバルリーダー育成のジーエルアカデミアという会社を立ち上げ、会社を経営しながら、講演や講義を年１００本ほどこなし、通訳や翻訳、企業や大学のコンサルティング、本の執筆などもこなしており、仕事の内容は多岐にわたっています。

同時にたくさんの仕事を進行させないといけないので、自分のすべきこととそうでないことを整理し、任せる仕事はスタッフやビジネスパートナー、海外在住のフリーランスに依頼しながら進めていきます。

こんな風に言えば、なんだかかっこいい感じに聞こえてしまうかもしれませんが、かつての私は高校1年生の時には偏差値30台と勉強嫌いなだけでなく、事件を起こして警察や裁判所にお世話になったことがあるほどで、テキパキ、キラキラとした人生とは無縁でした。

今でも、本質はナマケモノな私が、どのようにしてたくさんの仕事をこなし、しっかりと成果を上げているのかを皆さんにシェアしたいと思い筆をとりました。

まず、朝のお母さんのお弁当作りを思い浮かべてみてください。

今日の晩御飯や明日のお弁当のイメージをしながら、足りない食材をスーパーで調達。そして朝になると、炊飯器のスイッチを押して、電子レンジで前日のおかずの残りを温め、その間にソーセージをフライパンへ。ソーセージが焼けるまでの間に野菜の準備をして、レンジが終わったタイミングを見計らって、冷凍食品の唐揚げを温める。子どもたちが起きてきたら、朝食も同時に仕上げてしまう。

全てが起きた時点での思いつきではうまくはいかないのです。先を予測して、先に先に準備をしておくから、お弁当に、洗濯に、掃除にと忙しい朝をテキパキとリズミカルに進めることができるのです。

いかに無駄なく、時間を効率的に使いながら、事前に描いた完成図に到達するか。

これが段取りです。

もうここまでで、「段取り」に必要な要素が全て出てきました。

ゴールを明確にすること。ゴールまでのプロセスにおいて必要なタスクを明確にして、自分がすべきことと、そうでないことをはっきり分けること。足りないものは調達すること。そして他人に任せることは的確に指示を出し、自分がやるべきことに集中すること。

段取りとは、自分の強みを最大限に発揮するための仕事術なのです。

これにより、限られた時間で最大の成果を生むことができます。

会社よりも人に信用が集まる時代になってきています。

人と人とのつながりの中で仕事が生まれていく時代においては、信用が全てです。

良い段取りをすることで、相手の期待を上回るパフォーマンスを示すことができれば、あなたは信用を集めることができますが、段取りが悪くバタバタとしている割には良い仕事ができていないとなると、信用は下がってしまいます。

段取り力を高めることで、
「あなたにお願いしてよかった」と周りから高い評価をされるようにテキパキと仕事が進んで、自分に自信が持てるように
時間的な余裕ができ、仕事以外の時間を楽しむことができるようになっていくことでしょう。

たった1分間の工夫で段取りが劇的に変わる方法をご紹介すること、それが本書のテーマです。
なぜなら、ちょっとしたことが大きな差を生んでいることがたくさんあるからです。
そして、すぐに実践していただけるように、私のこれまでの経験と心理学の知見を交えて、その方法について詳しく解説いたします。

いつでも振り返ることができるバイブルとなるよう、どこから読んでも効果を感じてもらえるような構成にしました。

「お、これは今すぐ試してみよう」

そう感じられるところからどんどん行動に移してみていただけると嬉しいです。

では、段取り力を劇的に向上させる方法についてのお話を始めましょう。

２０１９年４月

塚本　亮

第1章 ゴールまでの道のりを描こう

第2章 頭の中をスッキリと整理しよう

第3章 コミュニケーションで段取りを加速させよう

第4章 集中できる環境をつくろう

第5章 段取り力を高める習慣

第1章

ゴールまでの道のりを描こう

01 ゴールの向こう側の景色をイメージする

段取りとはゴールを決めて、現在地からどのようなプロセスをたどれば、目的地まで確実にたどり着けるかを考えることです。

ですから、まずは**ゴールが決まらないと始まらない**のです。

これは、旅行で考えるとわかりやすいですね。

「フランス旅行に行きたい」となったときに、なんとなく行く人はいないはず。

世界遺産モンサンミッシェルを見てみたい！　と思ったら、それがその旅の一つのゴールになります。しかし、そこにたどり着くにはたくさんのルートがありますよね。

日本からパリまで飛行機で飛ぶのか、それともせっかくだからロンドンまで行ってロンドン観光をしてからユーロスターでパリまで移動するのか。それが決まったら、パリからモンサンミッシェルまでは電車とバスで行くのか、それともバスだけで行くのかも考えなければいけません。電車を使ったほうが早いけれどもお金がかかる。バスのほうが時間はかかるけども費用は安い。などのこまごましたことや、何泊するのか、いつ行くのか、他には何をしたいのかも決めなければなりません。

フランスでは度々ストライキがあるので、1日しか確保していなかったら、もしかしたら交通機関に影響が出て行けないかもしれない。どうしてもモンサンミッシェルは外せないのなら、余裕を持った計画を立てたほうがいいかもしれませんね。

しかし、何を差し置いてもゴールがあるからこそ、そこまでのルートやプランを考えることになります。

「とりあえずなんとかなるでしょ」と考えているだけだと、せっかく憧れのレストランに行ったのに定休日だった……みたいなことになってしまう可能性があります。

段取りというのはゴールまでのプランを逆算思考で立てていくことですから、ゴールが明確でないと始まらないのです。

しかし、モンサンミッシェルに物理的にたどり着くことがゴールなのでしょうか。

たどり着くことはゴールではなくて、「見たい景色を見ている自分」を実現させることが本当のゴールなのではないでしょうか。

テレビやガイドブックでモンサンミッシェルを見て、「行きたい！」と強く思って、そこにいる自分をイメージするからワクワクしたのでしょう。


仕事も同じです。**その仕事やプロジェクトを成し遂げた先にはどんな景色が広がっているのかを明確にイメージ**しましょう。


私が本を執筆するときにイメージしていることは、本を完成させた自分ではありません。本を手に取った人が、本を読み、「これは試してみよう」というものを見つけ、それを実践に移し、その結果、仕事やプライベートが充実するシーンをイメージしています。

これが私にとってのゴールです。そこから逆算をして、どんな内容で、どんな言葉を使って、どんな例を挙げたらそうなるだろうかを、徹底して考えるのです。

ですから、その仕事やプロジェクトをやり遂げた一歩先にはどんな世界が広がっているのかを、イメージしてみましょう。全てはそこから始まるのです。

Imagine 想像してみよう

洋服屋さんでジーンズを買うときも、単純にジーンズを買うことにワクワクしているのではなく、「今度のデートにはいて行くシーン」を思い浮かべてワクワクしているものですよね。

あなたが提供したサービスを受けてお客様が満面の笑みを浮かべているシーンや、誰がどう考えても間に合わないと思っていた仕事を間に合わせて「いやぁ、やっぱり君は仕事が早いな」と上司が思わず言ってしまいそうになるシーンをイメージしてみましょう。

ゴールとはいつも景色なのです。その仕事をやり遂げたときにどんな景色がそこにはあるかを想像してみましょう。

すると、全てが「あなたにお願いしてよかった」につながっていくはずです。

02 「そもそも」でブレない軸を作る

段取りを考える上で、「そもそも」を考えることは大切です。これまでに染みついた思考習慣によって、「なんとなく」や「とりあえず」でやっていることが多くあります。それによって、いくらゴールが定まっていても、私たちは考える途中で本質から離れていくことがあるからです。

そういった場合には、「そもそも」を問い直すことでズレをなくすことができます。

身近な例から挙げてみましょう。

多くの人は12時になれば昼食を食べたいというスイッチが入りますが、私は12時から1時の間にランチをとることはできるだけ避けています。

「そもそも12時に食べなきゃいけないのか」を考えてみたところ、「とりあえず」になっていることに気づいたからです。

しかし、わざわざ人が多い時間帯にコンビニに並んだり、定食屋さんに並んだりするのは時間の無駄ですよね。そもそもその時間でないといけない、ということはありません。

どうしてもその時間にしかランチをとれないのならば、朝買っていく。それも1日の段取りの中で考えて動けることですよね。

そのようにして、**時間の効果的な使い方を考える**ことも段取りではないでしょうか。

例えば、資料作りが目的になってしまっている人がいます。無駄なアニメーションや装飾で時間を過剰にかけて作る資料は、生産性も低く、本当にダメなものが多いです。

なぜなら、「どう伝えるか」にこだわりすぎるあまり、「なにを伝えるか」がないがしろにされてしまっているのです。

「そもそもなんのためにその資料を作っているのか」を考えれば、そこからずれなくてすみます。

アマゾンのCEOであるジェフ・ベゾス氏は、「アマゾン社内ではパワーポイントは使わない」ことを指導しているそうですが、特に社内プレゼンにおいてはビジュアルにこだわるよりも中身にこだわることが圧倒的に重要ですよね。「なんとなく」、「とりあえず」で進めてしまっていては、無駄が増えて、本質から外れてしまうのです。

会議もそうですね。「そもそも集まらないとできないのか」を考えないから、全員が集合できるときを探そうとしてしまいます。今はzoomやskypeを使って遠隔でも会議はできますし、会議のために社内に留まらないといけないということもありません。得意先を訪問しながら、合間の時間でも会議に参加できてしまいます。

私は積極的にクラウドソーシングを活用しています。

例えば、英語で文書を作成してもらいたい場合、社内にも外国人がいますが、そもそもその人たちにお願いする必要があるのでしょうか？

的確な指示さえできれば、社外の、海外に住んでいる人でもいいのです。

そして、社内の人材には、ここにいないとできない仕事に専念してもらうのです。

さらに、海外在住のフリーランスに仕事を依頼することによって、圧倒的にコストカットができるのです。日本在住の外国人の給料は高いですから……。

英語を母国語として話す人であればこなせる仕事内容なら、子育ての隙間時間に仕事をしたいという人でも、なんら問題ありません。

まさに「そもそも」を考えてみたからこそたどり着いたものです。

打ち合わせをしているときは前提の確認も大切です。前提のズレによって意見が食い違うことは少なくありません。互いにとっての当たり前が、業界が違えば当たり前でないことはよくある話です。「そもそも」で方向性をしっかりと定めましょう。

そもそも、自分がやらなければいけないことなのか。

そもそも、私は今なにをすべきなのだろうか。

そもそも、それは事実なのか。

そもそも、長期か短期か。

そもそも、今議論すべきことはなんだろうか。

「そもそも」を考えることは、段取りを考える上で、無駄を省くことにつながり、本質からのずれを防ぐことにもつながっていくのです。

man of principle 軸を持つ

03 10倍思考でブレイクスルーを探る

リニア中央新幹線が開業に向けて動き出しています。

現在、東海道新幹線「のぞみ」の品川～名古屋間における最短所要時間は約1時間30分ですが、リニアだと40分に短縮できると言われています。

約3分の1になるというのは、大きなブレイクスルーですよね。

新幹線を含む従来の鉄道は、レールの上を車輪で走行するため、いくら改善を加えても、速度向上には限界があります。

それがリニアでは磁石の力を使い、車体を浮かせて走行することで時速500キロのスピードを実現できるそうです。

1964年に日本で初めての新幹線が登場し、当時の最高時速は210キロでしたが、2020年には360キロに挑戦すると発表されています。

誕生から50年以上にわたりたくさんの改善、改良を加え続けた成果ではありますが、時速500キロのリニアの速さには到底及びませんね。

確かに、微差の積み重ねが、長期的に考えたときには大きな差を生み出すことが多くあります。しかし、頑張って今の新幹線を速くする方法だけを考え続けていたら、リニアを作ろうという発想は生まれていたでしょうか。

これは仕事のやり方にも同じことが言えると思います。あなたの会社や所属する部署にも、これまで培ってきたやり方というものがあることと思います。「もっと良くするにはどうすればいいか」と、従来のやり方に改善を加え続けることも確かに重要です。

ただその多くが従来の延長線上の発想に捉われてしまっていて、成果を20％高めるためにはどうすればいいかということにばかり目が向いていないでしょうか。上司に言われた通りのやり方に沿って仕事をこなしていくことも大事かもしれませんが、ときにはルールを破るということも考えたいものです。

10倍成果を出すにはどうすればいいだろうか

10倍仕事のスピードを速めるにはどうすればいいだろうか
10倍お客様からYESを引き出すにはどうすればいいだろうか

このように「10倍」をキーフレーズに物事を考えると、既存の前提や固定観念を破ることができるようになります。「2倍にしよう」、「3倍にしよう」では従来の発想の延長線上になってしまいますが、さすがに「10倍」は発想をゼロから疑う必要が出てくるのです。

段取りを考えるときも、**そこに従来のやり方があったら、それをときには疑ってみる。**

「本当にこのやり方がベストなのかな？　10倍スピードを速めるための方法がないかな？」

私は本の原稿を執筆するとき、音声入力を活用しています。執筆するというよりは、パソコンに向かって講演しているイメージでしょうか。

このスタイルを導入するようになってから、執筆のスピードは圧倒的に速くなりました。その理由は、パソコンに向かってタイピングするスピードよりも話すほうが断然速いということだけではありません。タイピングしていると文章を目で追いながら文章を落とし込んでいきますから、「あ、これよりも、あっちがいいかな」などといろいろなことを考えてしまい、書き換えたりして、スピードが落ちてしまいます。

話しているときは、伝えたいことに集中して文章の細かい部分に意識を向けなくなるので、スピードが上がるのです。

そうして60％くらいの完成度の原稿を、まず作ってみる。そして、出来上がったものに、今度は見直しをしながら手を加えて整えていきます。

これまで日本国内であちこちの業者をあたり、少しでも安く、と交渉しながら調達していたものは、もしかすると海外から調達したら一気に大幅なコストカットができるかもしれません。

右肩下がりな業界でもヒットを飛ばし続ける人は、従来のフレームワークの外に目が向いているのだろうと思います。

従来のフレームワークで踏ん張ることばかりに目が向いていませんか？

ぜひ10倍思考を使って、常識から飛び出すことも考えてみてください。

04 期限は自分で決める

段取り力が高い人に共通するのが、仕事の期限は自分で決めるという姿勢です。

締め切りまで「あと何日かしかない」という状況のときと、「まだ何日もある」というときとでは、どちらがやる気が起きるでしょうか。

私は小学生のとき、クラスで一番のデブで、その上勉強も全然できず、塾を転々とする日々を送っていましたが、それでも成績が上がることはありませんでした。

夏休みの宿題はいつもギリギリ。いや、間に合わなかったことも何度もありました。

そんな私ですが、今はたくさんの仕事を日々こなしています。

こうして本の原稿を書くことも私の仕事の一部であり、全てではありません。

では私は根本的に変わったのでしょうか。

到底そうとは思えません。私は自分がいかに怠け者かを知っています。「ラクをしたい」といつも思っています。

そんな私が、こうして本を通して皆さんに段取りがうまくなる方法をお伝えさせていただいているのは、**時間を利用して自分を動かす**ことがうまくなったからだと思っています。

まずは大前提として、私たちの脳は、一定の緊張感があるときのほうが集中できると言われています。試験でもたっぷりと時間があると中だるみしてしまいますが、時間が足りないかもしれないと思えば、集中せざるを得ない状況に追い込まれますよね。

永遠に休みの日々が続く気分になる夏休みのように、時間の制約もなく、いつやってもいいという状況だと、なかなか自分にスイッチが入らないのは自然なことなのです。

ですから、私は仕事を引き受けたら、締め切りや納品の希望を相手から聞き出した上で、自分で締め切りを決めるようにしています。

そうすることで主体性が生まれるからです。

つまり、誰かに与えられた仕事は、最初はまだ「自分ごと」ではなく「他人ごと」なわけですね。ですから、私のように意志力が弱い人にとって効果的なのが人との約束です。「推進力」を生んでくれます。相手と約束することで、目の前にある仕事が、相手と自分にとって、「私たちの」仕事に変わります。

例えば、「納期は1週間後でいいよ」と言われれば、4日で仕上げることをイメージします。そして、その完成までのプロセスを明確にしたら、「4日後に一度仕上げます」と宣言しておく。

宣言することで、4日後に仕上げるための具体的な段取りを考えるスイッチがオンになります。

長期のプロジェクトであれば特に中だるみしやすいので、あとで詳しく説明しますが、1週間単位の具体的で小さなゴールを作っていって、それを相手に伝えてしまいます。

もちろん無理をしてはいけません。どう考えても無理なのに、「やります!」と宣言して、結局その約束を守れなかったら、「なんだアイツは口だけだな」と思われてしまいます。ですからなんでもかんでも宣言してしまえばいい、ということではない点は理解してください。

もちろん突発的な出来事などによって自分が設定した締め切りをどうしても超えてしま

うことがあれば相手に伝えますが、それでも相手の希望よりは早く仕上げることができます。

時間がありすぎるから、時間はなくなってしまうのです。

締め切りを意識して仕事をする場合と、それを感じずに仕事をする場合では意識の強さが変わります。限られた時間しかないとなった場合は、私たちはそのなかでできることを真剣に取捨選択するようになります。

200ページを超えるような本を執筆することは、1日では終わりません。50項目からなる本書の場合は、1週間で10項目書くと決めて、5週間で仕上げることを目指します。そう決めることで、時間がないならば無駄を削って取り組めるようになるのです。

ぜひ、自分が動かざるを得ない時間の使い方をしましょう。

05 サティスファイサーを目指す

私はいつも本の原稿を書くときには、「まずは私が70点、80点くらいだと思う原稿をお渡しします。それに忌憚のないご意見をください」と伝えてから執筆にかかります。

なぜならば、自分が思う100点と、出版社の編集者さんが思う100点は違うからです。ましてやその先にいる読者にとっての100点はまた違うものかもしれません。

気をつけたいのが、一つひとつ最初から100点で仕上げようとしてしまうことです。自分にとっての100点が相手にとっての100点ではないかもしれないということに加え、100点にすることにこだわりすぎるとスピードが落ちてしまいます。

日本では間違ってはいけないという正解主義が教育の一つの価値観として植えつけられているので、100点を取ることを目指してしまう気持ちはわかりますが……。

私の場合、和文英訳、つまり翻訳の依頼をいただくことが少なくありません。ご存知の通り、日本語の文には主語が明記されていない場合がありますが、英語の文では、ほぼ必ず主語を明確にする必要があります。そのときには文脈から考えて、推測で主語を入れておいて、赤字などでコメントを書いておきます。他にも文化的な違いからニュアンスが全く異なる場合もありますから、ニュアンスをある程度推測して翻訳することもあります。言葉ですからいろいろな表現の仕方があって、それこそ正解が一つではないケースが少なくありません。ですから、「こういう風に考えてこう翻訳しています」と書いておいて、相手の希望の納期よりも早く相手に送ります。

私が推測で翻訳した部分が相手の意図するものになっているかを確認して、ズレがあるならば修正すればいいですよね。

アメリカの心理学者バリー・シュワルツ博士によれば、私たち**人間は、自分にとって最高の選択を望む「マキシマイザー」と、まずまずのところでも満足する「サティスファイサー」の2種類に分けられる**そうです。

マキシマイザーは満点を目指すタイプなので、一つひとつのことについてあれこれ迷ったり、悩んだりします。ようやくなにかを選択しても「もっと他にいいものがあったのでは」と、なかなか満足することができません。それどころか、「もっとできたはずだ」と、後悔することも多いのです。なにより大きな問題は、迷ったり悩んだりする時間が長く、行動までに長い時間を費やしてしまうか、場合によっては、行動できずじまいにすらなってしまうことです。

「いきなり100点を目指す必要はない。まずは70点でいいから早く形にして、確認しよう」と考えるだけでも、圧倒的に仕事のスピードは上がりますし、確実に進めることができます。

そもそも、70点や80点で十分だという仕事だってあります。

そもそも100点が求められていないのに100点を目指したところで、スピードがその分遅くなってしまったら、評価を下げる結果につながることだってあります。

例えば、会議の議事録を作るといっても、一語一句聞き漏らさない100点の議事録を作るのか、要点をまとめた80点のものを作るのか、どちらが必要なのかを、まずは明確にしなければならないのです。一語一句、忠実に作成した議事録は一見100点に見えるかもしれませんが、逆に要点が摑みづらく、完成までに時間もかかってしまい、評価としては40点かもしれません。むしろ80点くらいのもののほうが、読み手には100点かもしれないのです。

ですから、上司や取引先などが**スピード重視なのか正確性重視なのかなどを、まず確認**する。正確性重視であれば、70点を目指してひとまず仕上げて細部を確認しながら詰めていく。

このようなプロセスを最初から想定して段取りを組みましょう。

仕事だけでなく、資格や英語の勉強などをしている人にも同じことが言えます。

伸びる人はまずとにかく雑にでも、取りかかります。

そして改善に改善を重ねながら、合格点をクリアするものに仕上げていきます。

それはペンキを塗るような感覚で、一度で綺麗に塗るのではなく、何度も何度も重ね塗りをしてムラをなくしていくようなものです。

What is the standard?
合格点を見極める

06 意思決定にも期限を設ける

私は移動が多いので、台風が多い時期は、より一層の段取り力が試されます。

去年も、東京へ出張しているとき、翌日の朝に大事な仕事があったため当日中に京都へ戻る計画でいたところ、まさかの台風直撃。早朝の新幹線で戻っても間に合わないので、なにがなんでも戻らなければならないという状況でした。

台風の影響で新幹線がストップ。通過したら、ひょっとすると運転再開となるかもという状況。となると、その可能性を信じたくなります。

「新幹線の運転が再開したら、すぐに予約をしないと満席になってしまう！」

と思って、じりじりと再開を待っている状態が続きますよね。

その間、21時台の最終便の時間まで、台風の行方やＪＲからの発信が気になって何も手につきません。

しかし、私は18時の段階で意思決定をすると決めていました。18時まではその行方を見る。だけど、18時の段階でダメだったら、ホテルを予約して、明日の仕事の予定を調整することにしました。

18時の段階であれば、まだ明日の仕事の担当者に連絡がつく可能性が高いですが、19時まで待っていたら難しくなるかもしれません。同じ状況の人がたくさんいるわけなので、ホテルも早く予約しないと埋まってしまう可能性もあります。

こうして意思決定したら、次の行動が明確になりますし、何もできない生産性の低い時間が減ります。

だから、この**意思決定をする時間を決める**という行為は、結構重要なんですよね。

意思決定がずるずると遅くなる要因として挙げられるのは、正しいかどうかがわからないということです。

台風のときの話だと、もしかしたら19時に運転再開となっていたかもしれません。

しかしこれは結果論でしかなく、その時点では誰にもわからなかったことなので、これを悔やんでも仕方がありません。

それよりもギリギリまで粘って最終的に判断し、クライアントにギリギリになってそれを伝えることで迷惑をかけるかもしれませんし、自分自身も動けないのでそちらのほうがよほどデメリットが大きいのです。

何も拙速な意思決定をする必要はありませんが、意思決定をダラダラと延ばすと、もっと多くのロスが生じてしまいます。

このタイミングならば、ムダとロスを最小限に抑えられるというラインを考えて、そんなタイミングで意思決定をするスケジュールを組みます。

「あと5分だけ待ってからにしよう」の積み重ねが大きなロスにつながります。**意思決定の期限が来たらあれこれ考えず、決断、実行**することが重要です。

投資で勝つ人はほぼ間違いなく損切り上手な人であると言われます。

損切りというのは、例えば上昇すると思って買った株の値段が下落してしまったけれど、それ以上損失が膨らまないように損失を確定させることを言います。多くの勝てない投資家は「もう少ししたら回復するかもしれない」とそのまま保有し続け、さらに株価が下落して損失額が膨らみロスを大きくしてしまいます。

段取り上手な人は、何をいつやるかといった段取りもうまいですが、意思決定の期限が明確です。そもそも「正解」の意思決定はありません。段取りにも正解がないと言ってもいいかもしれません。

段取りを組むとき、相手のレスポンスや周りの動きを見て考えなければいけないこともありますが、まずは時間できっぱりと切ってしまいましょう。

07 断る勇気で、クオリティを高める

取引先や上司から急に仕事を振られることは少なくありません。そのような突発的な仕事のせいで減らないタスク。やろうと計画していたことも翌日に回して……、という悪循環が止まらなくなってしまうことがあるかもしれません。毎日それに追われてばかりでは、重要度の高い仕事をしっかりとやり遂げることができません。タスクが溜まりすぎてパンクしてしまっている人も少なくないでしょう。

頼まれごとだからなんとか作業時間を確保して頑張ろうと思っても、どうしても負担がかかりすぎてしまう場合やその恐れがある場合は、断ってしまってもいいのです。

評価されたい、「仕事ができる人だと思われたい」と思ってなんでもかんでも引き受けていたら、重要な仕事に割く時間が圧迫されてしまって、結果的に質が下がってしまうことだってあり得ます。キャパシティーを超えてしまっている状態ですね。

私もかつては断ることが苦手で、仕事の依頼が来たときに「ちょっと、きついな」と感じても、「でも、今やってる仕事をもっと早くすませたら、いけるんじゃないの」と自分を納得させて引き受けてしまっていました。

しかし、実際のところは目の前の仕事でいっぱいいっぱいなのに引き受けて、心に余裕がなくなってしまって、やっつけ仕事のようになってしまうことがありました。そうすると元々は楽しんで取り組んでいた仕事も楽しくなくなってしまいますよね。

やるべきことでしっかりと成果を出すためには、**やらないことを決める**ことも段取りにおいてはキモとなるのです。

無理をしてこなしたとしても、仕事が雑になって質が下がったり、最悪の場合、重要な仕事が納期遅延やミスにつながるケースもあります。だから、断る勇気も必要なのです。

そもそも、断ること自体には何も問題がありません。

問題があるとしたらその断り方でしょう。ただ「できません」とか「無理です」の一言で断ると、どう考えてもいい印象は与えられませんね。

一方で、今自分が置かれている状況や、集中して取り組んでいる仕事の重要性を伝えた上で断れば、角は立たないものです。社内であれば、前もって、今自分が取り組んでいることを周知しておくことも一つの方法です。朝礼や共有スケジュールなどで報告する習慣があるなら、その場を活用するのもいいでしょう。

代替案を提示できるようであれば、伝えるようにしましょう。例えば、「今はA社とのプロジェクトが仕上げの段階に入っているので、そのあとでしたらお手伝いできるのですが。それからでも大丈夫でしょうか」といったように伝えることもできますね。

断るにはきちんとした理由が必要ですから、それを説明できるように、自分が今取り組んでいるタスク、今日中に終わらせないといけないタスクをしっかりと見える化しておくことは、ここでも大きな意義を持ちます。

仕事を引き受けすぎてしまって段取りがめちゃくちゃになってしまう原因として、「これくらいだったら大丈夫だろう」と、タスクの量や負荷を甘く見積もってしまうということも挙げられるからです。

この現象を、心理学では計画錯誤と呼んでいます。

Decline graciously　きちんと断る

誰だって、仕事を頼まれることは嬉しいものです。今取り組んでいる仕事のクオリティを落とさずに引き受けられるならば、喜んで引き受けましょう。

でも、無理をしてまで引き受ける必要はない、断るという選択肢が手元にはあるということも念頭に置いておきましょう。

08 逆算と積み上げの両方で考えてみる

逆算思考と積み上げ思考という言葉を聞いたことがある人は少なくないはずです。

この二つの考え方の違いと、どちらがいいのかということについて、少し考えてみたいと思います。

本書のテーマである「段取り」とは、ゴールに向かっていかに的確に、そして効率良く進めていくかを考えることを指しています。

そして、逆算思考とは、まずゴール設定をして、そこに到達するためには今なにをして、どのように進めていくのかを決めて、そのプランに沿って行動していきますから、段取りと基本的なスタンスは一緒です。

逆算思考では、到達したいゴールがあり、そこに向かってアクションを積み重ねていくので、道筋が明確で、行動にいつも基準があります。

例えばカレーを作るならば、どんな具材が必要で、それらをどう準備して、どう調理して、どういう順番で鍋に入れていくかなどを考えますよね。

旅でも同じです。目的地を決めて、何時に家を出るか、どういう手段で、どういうルートを通ってそこまでたどり着くのかを考えます。

逆算思考をすることで、行動が具体的になります。特にビジネスでは、なんとなく頑張れるところまで頑張りました、というものではなく、「なにを成し遂げる必要があるか」といったゴールと、その締め切りが明確に定められていることが多いので、逆算思考はとても有効でしょう。

仕事や家事において、逆算思考は多くのメリットを私たちにもたらしてくれます。

一方で、積み上げ思考は、明確な目的や目標を定めず、とりあえずやってみる、といったスタンスです。こういう風に言うと、あたかも逆算思考のほうが優れているように感じますが、必ずしもそうとは言い切れません。

皆さんもご存知のスティーブ・ジョブズは大学を中退しました。そして、カリグラフィ

（西洋の書道）にハマります。そしてその経験がＭａｃの美しいフォントを生み出すきっかけとなったのでした。

逆算思考はゴールが設定されているから、ゴールまでたどり着くことはできても、歴史的な発明をしたりすることはあまりないかもしれません。ある程度、計算された想定の範囲のことだからです。

心理学では内的動機づけとも言いますが、「好きこそ物の上手なれ」ということわざのように、「やってみたい」「楽しい」という気持ちも大切にしたいものです。

目標設定したものだけではなく、自分の気持ちに素直に、興味を持ったものにはアクティブに取り組むことが、この変化の早い時代においてはとても大切だと思います。

こうして考えると、どちらも優劣がつけがたいですね。

ですから、どちらの考え方もできるようにしておきたいものです。

とはいえ、本書のテーマは「段取り」ですから、逆算思考を上手に活用して、皆さんがしっかりと成果を上げられる方法をご紹介しています。

特に仕事や家事においては、できる限り少ない時間や労力で、できる限り大きな成果を上げるという生産性が大切なキーになってくるので、逆算思考力、段取り力を徹底して鍛えることは有効です。

段取り力を鍛えて生産性を高めることで、プライベートを楽しむ時間をしっかりと確保しましょう。

そしてプライベートではぜひ、逆算思考だけでなく、積み上げ思考で「やってみたいこと」にチャレンジしてください。それには意味づけは必要ありません。

そこから生まれる、いつもとは違ったアイデアがきっとあるはずです。

Be flexible　思考は柔軟に

09 いかに努力しなくていいかを考える

生産性を高めるということは、なるべく少ない時間や労力を使って、できる限り大きな成果を上げることですね。ですから、努力を最低限にするということが、段取りの根底に必要な考え方です。

なぜなら、仕事がうまくいかないという人によく見られるのが、努力することが目的になってしまっている状態だからです。

「努力すればなんとかなる」

「うまくいかなかったのは、努力が足りなかったからだ」

果たして、そうなのでしょうか？

いつも忙しい忙しいと言っている人の多くは、確かに頑張っていますし、懸命に仕事に取り組んでいることは間違いありません。しかし、忙しそうに働いているように見えても、実際は仕事の効率が悪く、頑張っている割には評価されない、成果が出ないのです。

その原因は、「段取りが悪い」ということです。

「なんでこんなにも頑張っているのに成果につながらないんだ」

と、頑張っているのに評価されないことから、仕事に対するモチベーションが下がってしまいます。

2016年の日本の時間当たり労働生産性は、46・0ドル（4694円／購買力平価（PPP）換算）。順位はOECD加盟35カ国中20位でした。

統計的に見ても、頑張り屋さんの日本人は、頑張っている割には成果を生み出せていません。見直しが進んではいますが、長時間労働をしながら生み出している成果は少ないということなので、生産性を高めれば、間違いなく仕事外の人生を楽しむ時間を増やすことができるようになります。

努力は報われるという言葉は確かに美しい。

しかし、それ以上に、努力しなくても成果が上げられないかと考えているでしょうか。「よし気合で乗り切るぞ」と短絡的に考えるのは、思考停止状態なのです。

努力は大切です。でも**ムダな努力を省く努力も必要**なのです。

まず前提として、成果を出すために必要なことは、努力の方向性を正しい方向に向けることです。最短距離でゴールまで向かうために、その方向性は正しいのかを問い続けなければいけないのです。

書類作りをお願いすると、あれもこれも詰め込んで必要以上に長いものを作成する人がいます。確かに努力のあとは見えます。でも、それが仕事として最適なものでしょうか。書類を作ることは仕事のゴールではありません。その書類はなにかの目的のために作るものですから、その目的を達成するためのツールですよね。

そのツールは、大きなゴールを達成するために最適化されているのでしょうか。すごいことをしようとしてはいけないのです。気持ちが前のめりになりすぎると、変に力が入ってしまって結果うまくいかない、というのは仕事やスポーツ、恋愛などでも一緒ですね。

「本当にこの努力は必要な努力なのか？」

「本当にこれは必要なことなのか？」

　これらは常に問い続ける必要があります。目の前の仕事に熱中すると、「せっかくだからあれもやっておこうか」と必要性の低いものにまでつい手を伸ばしてしまうことがあるからです。段取りの段階では予定していなかったことまで手をつけてしまって、仕事の趣旨がずれるというのも非生産的ですね。

　スムーズに仕事を進め、しっかりとした成果を出すために、「努力を省くための努力」を常に念頭に置いておきましょう。

Put in the right amount of effort
正しい努力をしよう

10 想定外を想定しておく

いつも段取り通りに仕事が進めばいいですが、必ずしもそうではありませんし、むしろそのほうが少ないのではないでしょうか。

そもそも、うまく段取りしても思い通りに進まないのであれば、段取りはしなくていいのではないか、と考える人もいるでしょう。

段取り通りに進めたのにうまくいかなかったとしたならば、なぜうまくいかなかったのかを考えることができます。ＰＤＣＡという言葉をご存知だと思いますが、うまくいったのはなぜか、うまくいかなかったのはなぜか、どうすれば次はうまくいくかということを考えられるのは、Plan があったからに他なりません。

去年ロンドンに行ったとき、ケンブリッジ行きの電車をホームで待っていたのですが、出発時刻に急遽運行取りやめとなり、次の電車まで30分以上駅で待たないといけない、という事態になりました。

こんなとき、ブーブー文句を言って苛立っても、何も良いことはありません。

そもそもイギリスでは電車の運行取りやめや遅延は日常茶飯事。ですからスケジュールには余裕を持たせておく、詰め込みすぎないということが大切なのです。詰め込みすぎて余裕がないスケジュールだと、一つのアポがずれることで他のアポも全て変更しなければならなくなってしまうからです。そうすると、その日にアポがある人全員に迷惑をかけてしまう可能性が出てきますよね。

不測の事態が起こることは防ぎようがないですし、それは誰にだって起こりうることです。しかし、不測の事態が起こったとしても、なるべくその影響が拡大しないようにすることはできると思いませんか。

仕事でも同じです。段取りを立てる段階から余裕のあるスケジュールで考えておかないと、不測の事態が起こったときに多くのものが将棋倒しのようにうまくいかなくなってしまいます。

頑張りすぎてしまう人は、いつもギリギリのスケジュールを立ててしまいがちで、スムーズにいくときはそれでいいですが、一つの想定外な出来事で全てが折れてしまいます。

計画を立てるときには、少しバッファを持たせること。

段取りがうまい人は、段取り通りに仕事が進まないことを想定しているのです。

そして、段取り通りことが運ばない原因は様々ですが、大きく次の二つに分類することができます。

「自分でコントロールできること」と「自分ではコントロールできないこと」です。

突発的な出来事や他人をコントロールするのは難しいですが、自分の行動をコントロールすることは、それに比べればやりやすいはずです。

私は外国人と仕事をすることが多いのですが、必ず余裕を持ってアポの時間を押さえておきます。13：00に会いたいと思ったら12：45に約束をします。日本人ほど時間にきっちりしている人はいないと考えておいたほうがいいからです。時間の価値観がそもそも違うので、どちらが正しいということでもありません。時間にきっちりとしていない分、他の人が遅れても寛容です。

日本人的な時間の価値観を伝えてもなかなか相手には伝わらないのならば、自分が時間をうまくコントロールすることで、ストレスを溜めずにすみます。

外国人だけでなく、初めて仕事を依頼する相手ならば、勝手がよくわかりません。ひょっとするとスケジュール通りに仕事を進めてくれないかもしれません。思い描いていたものと違うものが出来上がってくるかもしれません。

それは相手の問題なのかもしれませんが、そう言っていても仕事は進みません。こまめに進捗状況を聞いてみたり、中間でそこまでの出来を確認するなど、いくらでも打つ手はあります。

予想外のことが起こり、思い通りに進まないことのほうが多いということを想定して、自分にできることを段取りのベースと考えましょう。

Prepare for the unexpected 予想外に備える

第2章

頭の中をスッキリと整理しよう

11 頭の中をできるだけ空っぽにする

段取りを考えるときは、頭の中にあるものを全部取り出すことが大切です。

段取りがうまくできない、バタバタとしている割には効率が悪い人の特徴として、頭の中で段取りを考えようとしてしまう、ということが挙げられます。

もちろん、よほど簡単なものや、もうなんども繰り返して慣れている仕事の段取りであれば、頭の中であれこれ考えるだけでもスムーズにまとまるでしょう。

しかし、今は次から次へとやらなければいけないことが降ってくるような時代です。それを全て頭の中で処理しようとすると、「あ、あれを忘れてた!」という事態を招きかねません。これでは上司や取引先の信用を失うことにつながってしまいますよね。

さらに「アレもやらなきゃ、コレもやらなきゃ」という状況だと、脳のパフォーマンスが落ちます。脳のワーキングメモリに負荷がかかりすぎて、ダウンしてしまうのです。

会議の資料作りをしていたら、ＦＡＸで案内状を送らないといけないことを思い出し、そっちに気を取られているうちに資料作りのアイデアが頭から消えてしまって「さっき何か書こうと思っていたのに……」ということになってしまいます。

パソコンやスマホでも同じですよね。たくさんのアプリを同時に開いたりしていたら、負荷がかかりすぎてダウンしてしまったり、処理速度が低下してしまったりします。これだとやらなきゃいけないことを進めるだけの余裕がない状況です。

これって、小学生がまだそれほど計算が上手ではないのに、筆算をせずに答えをうんうん考えて計算ミスするのと変わりませんよね。「書き出せば早いのに」って思いませんか。

頭の中を空っぽにして、脳への負荷を減らしましょう。

頭よりも手を動かせばいいのです。

やることも思いついたアイデアも、全部すぐに書き出してみましょう。書き出しておけば、一つのタスクが終わった段階で、また他のタスクについて考えることができるので、一つのタスクに集中することができ、迷いなく行動を起こせます。

書類を作っているときに上司から頼まれごとをしたら、それをすぐにメモする。もし書類作成を中断して、そちらを優先しなければいけないのならば、書類作成のアイデアなどを書き出しておく。そうすれば、あとでバタバタしなくてもすむようになります。

段取り力の高い人は自分の記憶をあてにしていません。私たちはＡＩやロボットではありませんし、ミスをする生き物だからです。ミスをすることが悪いのではなくて、ミスが起こらないような仕組みを持っていないことが問題なのだと考えているからこそ、忘れないようになんでも書き出します。

段取りがうまくできない人は、ここで自分の記憶力を過信してしまって、うっかりミスを繰り返してしまいます。

ですから、私は常にペンとメモを携帯しています。誰かから入ってきた依頼や、思いついた仕事のアイデアなどは、その場で全部書き出しています。そうすることで、確実にやるべきことをやり遂げることができますし、その小さな積み重ねが信用につながります。アイデアをその場で逃さないようにすることで、ちょっとしたアイデアが大きなチャンスを生み出すことにもつながるかもしれません。

「アレもやらなきゃ、コレもやらなきゃ」となってしまうことが多い人は、脳の整理能力が低いのではなく、単純にそれを頭の中で処理しようとすることに問題があるだけです。

段取りを考えるときも、ゴールまでのステップを頭の中で考えるのではなく、全て書き出してみるのです。そうすることで、本当にその順番でステップを進んでいけば、ゴールまで確実に、そして効率良くたどり着けるかを把握することができます。

やることを全部書き出して、頭から取り出しましょう。脳にスペースもできて、余裕を持って考えやすくなるはずです。

12 「一言で言うと？」を問いかける

「何が言いたいのかわからない」

「もっとまとめてから話をしてくれ」

「結局何が言いたいのだ？」

と言われることはないでしょうか。話をする前に「何を」「どのように」伝えれば相手にしっかりと理解してもらえるのかと、しっかりと段取りができていない人によくあるパターンです。


本書では50項目で段取りが良くなるコツをお伝えしていますが、1項目1メッセージだと思っています。だから、一つの項目に着手する前に必ず、

「この項目で伝えたいメッセージはなんだろうか」

ということを考え、書き出すようにしています。

本だけでなく、講演や会議などでも、わかりやすいと思わせる人の話は極めてシンプルです。人を動かすことができる人はいつもシンプルで、一言で話をまとめたり状況を自分の言葉で簡潔に伝えたりすることに長けています。

一方で、何が言いたいのかわからない人は、伝えたいことが多すぎて自分でも頭の中が整理できていない。あれもこれも伝えたい、という思いが先行して、自分でもよくわからないということになってしまうのです。そうすると絡んだ紐のように、解くのが難しくなってしまいます。

だから、「一言で言うと」を考えることは、最優先事項をあぶり出すためのキラークエスチョンなのです。

一言でまとめる力は段取りにおいての軸を作る上でも大切ですし、タスクを遂行していく上で、ブレないようにするためにも機能します。

ですから私は、「一言で言うと」を考え、書き出します。書き出して見えるところに置いておくことで、それを意識して書いたり、資料の準備をしたりすることが容易にできるようになります。「書くこと」は目標達成を助けると、いくつかの研究でも確認されています。

ドミニカン大学の心理学教授ゲイル・マシューズは、目標を設定するだけの人と比べて、目標を紙に書き出した人は、達成の可能性が33％高いことを発見しました。いつでも見える状態にするということは、思考のブレを小さくしてくれる効果があるのです。

一言で言うと、自己紹介で伝えたいことはなんだろう。
一言で言うと、自分の会社の強みはなんだろう。
一言で言うと、最も伝えたいことはなんだろう。
一言で言うと、相手にどんなイメージを持ってほしいだろう。

シンプルに考えると、どんどんムダがそぎ落とされていきます。質の高いものはムダが少ないもの。そのための軸を見つけ、最優先事項を明確にするために「一言で言うと」を考える習慣を持ちましょう。「シンプルイズベスト」とはよく言ったものですね。

いい段取りをするために、打ち合わせなどで、相手の話をしっかりと聞き、ニーズを明確に理解することはとても大切であるとお伝えしましたよね。とはいえ、必ずしも相手が「段取り上手な話し手」であるかどうかはわかりません。つまり、ふむふむと聞く姿勢を持って、なんとか相手を理解しようと思っても、なにが言いたいのかよくわからない人がいることもありますよね。

ですから、相手の話があちこちに飛んだり、あれこれバラバラになっている印象を受けたときは、相手が話し終わったタイミングを見て、

「一言で言うと、御社が今一番力を入れたい分野はどこですか？」

「一言で言うと、他社のサービスとの違いはなんですか？」

「一言で言うと、課題はなんだと思いますか？」

と、**一言クエスチョンを投げかけてみる**のです。自分のことを客観的に捉えることは誰にとっても簡単なことではありませんから、話をしている相手は自分の話が伝わっていないことに気づいていないというケースは多いのです。

相手の頭の中が整理できていないと感じたときは、一緒に整理する。

「一言で言うと」という質問は、その絡まった紐を解くにも最強なのです。

Be brief　シンプルであれ

13 それは自分がすべきことなのか考える

部下や後輩に任せるべき仕事を、つい自分で抱え込んでしまう癖がついている人がいます。自分の成長とともに関わる分野・仕事量が増えても、一人で抱え込んでしまう傾向があるのです。

その結果、抱え込みすぎてパンクしてしまう。そうすると、優先順位がつけられなくなって、重要な仕事をあと回しにしてしまったり、仕事が遅れがちになってしまったりと、悪影響が出てくる恐れがあります。

他人から仕事の依頼をされて、期待に応えようとしすぎるとこうなってしまうのです。

誰しも「向き、不向き」や「得手、不得手」があります。

だからこそ社会も企業も成り立っています。数字が苦手な人もいれば、会話が苦手な人もいます。一方で、資料作りが誰よりもうまい人や、相手の心を掴むのがうまい人もいます。それぞれの強みを活かしながら貢献できます。

スポーツでもそうですよね。守備がうまい人がいれば、攻撃がうまい人がいる。足の速い人もいれば、誰にも負けない筋力を持っている人がいる。やっぱりそれぞれが違うからいいんです。


当然のことながら、不得意なことで頑張ろうとしても時間がかかってしまうし、成果も出にくいものです。そうであれば、それを自分よりも上手にこなせる人に任せてしまったほうが、全体もスムーズに進みます。

先ほどもお話ししたように、私の会社では、海外の大学で学んでいる人たちに、論文の添削校正サービスを提供しているのですが、人によって専攻はバラバラです。

物理学を専攻している人もいれば、美術史を専攻している人も、考古学を専攻している人も、政治学を専攻している人もいます。

英語のチェックだからと言って、英語ができる人であれば誰でもいいというわけではありません。それだけの多様な専攻に合わせて私が一人で頑張ることは、非効率以外の何物でもありませんね。その都度、基礎から勉強しなければいけないのですから。

やはりそれぞれの専攻にフィットする人をあてがうほうがいいに決まっていますから、海外のフリーランスでそれぞれの道に詳しい人物を見つけ、仕事を依頼するための仕組みを築いていています。その分野に詳しい人にお願いすれば、作業も確実でスムーズに進むので、ユーザーにもベストなサービスを提供できるのです。

部下や後輩でも自分より上手にできるものがあればしっかり任せればいい。うまく段取りを考えられる人は、自分で抱え込むことは効率が悪いと考えているので、**周囲を味方につけて物事を進める**ことができます。

「自分でできること」と「自分一人ではできないこと・苦手なこと」を見極めて、周囲の人の協力が必要な場合には上手に協力を得て仕事をこなします。

段取りがうまい人は、目指すゴールが決まったら、ヒト、カネ、ジカン（ＨＫＴ）などのリソースを把握して、どうすれば最短で、そして的確にそこを目指すことができるのかを考えます。

そのために、今すべきことの全体像をいつでも見渡せるようにタスクを把握しておくこと、そして、その優先順位を明確にしておくことが大切です。すべきことが整理されていれば、それを誰かに任せたほうがいいかどうかを客観的に判断することもできますが、整理も把握もできていないから、「とりあえずやっておこう」となってしまうのです。

あなたと同じで周囲の人にも自分のやるべきことがありますし、決して暇ではありません。周囲が協力しやすくなるよう、環境や条件をしっかりと整えましょう。

そのために必要なのが、日々の細かなコミュニケーションなのです。

14 頭ではなく、手を動かす

「ああ、どうすればいいのだろう」

「どうやって段取りを組めばいいのだろう」

やることが次から次へと降りかかってくる時代において、段取りが悪い人や優柔不断な人は、何をすべきかの整理がうまくできません。つまり頭の中にたくさんのタスクがあって、それらを整理する必要があるのですが、それができていません。

それなのに、なぜかそういう人に限って頭の中であれこれ整理しようとします。簡単に整理できるものはすぐにスッキリとまとまるかもしれませんが、様々なタスクが少し複雑に絡み合ってくると、「ああどうしよう」と動けなくなってしまいませんか。

そうならずに的確な段取りを組むためには、極論を言うと、頭を動かそうとするのではなく手を動かすこと。これが一番です。

「手は第2の脳」という言葉を聞いたことがある人もいるでしょう。手や指先の動きは、言語や思考といった脳の高次機能を担う大脳皮質に影響を与え、手を動かすことで脳の血流量が増えるということが研究でもわかっています。

手には神経がたくさんあるので、手をたくさん使うことで脳細胞に刺激を与え、脳の活性化へとつながります。

もう一つ、手書きが脳内の整理に効果的な理由は、そのスピードにあります。

2014年プリンストン大学のパム・ミューラーとUCLAのダニエル・オッペンハイマーは実験をしました。

授業でノートを取るときに紙に書くか、ノートパソコンに記録するかで分けて、授業のあとに記憶、理解、情報の活用の3点についての試験をしました。

その結果は驚くべきものでした。パソコンに記録していた学生よりも、ノートに手書きで書き込んでいた学生のほうが、圧倒的にスコアが高かったのです。一週間後に再び試験をしたときにも、手書きでノートを取った学生のスコアのほうが圧倒的に良かったのです。

なぜそうなるのでしょうか。

タイピングすることに比べると、手書きはゆっくりなため、教授の話すことの全てを書き取ることは難しい。それゆえ、注意深く聞き、消化し、授業を聴きながら話の要点をまとめることに集中力を使うのです。

つまり聞きながら、頭の中で整理し、学んでいるわけです。

逆にタイピングをしたときは、あまり考えることなくひたすら記録することに集中をしてしまうのです。そしてその場で考えることがあまりできないために、疑問も思い浮かびづらくなり、理解できなかったことを質問する機会をも逃してしまうのです。

私は常にノートとペンを携帯していて、思いついたことや感じたことはどんどんメモするようにしています。**手書きで書くと、その書いたことから新しいことなどをどんどん思いつきます**。体裁なんて気にせず、まずはランダムに感じたことや考えたことを書き出していく感じです。

書き出したもの同士、最初はなんの関係性もないように感じることもあるのですが、あとで眺めてみると、アイデアのつながりが見えてきたり、難しく考えていたことが意外とシンプルだったことに気づいたりと、頭の中が整理されていく感覚を覚えるものです。

手を動かしながら、次から次へと頭の中にあるものを取り出していく。そんなシンプルな方法で自然と頭の中がまとまってきますし、段取りのスピードもグンと速くなります。

15 「ここだけの話」で情報の質を高める

いい段取りをするためには、いい情報が欠かせません。

今の時代はインターネットによる情報革命のおかげで、あらゆる情報が手に入るようになりました。しかも多くの情報が無料で手に入るので、何か調べたいことがあるときはすぐにネットで解決、としてしまっている人も少なくないのではないでしょうか。

しかし、誰でもアクセスできる情報にはあまり価値がありません。情報化社会になって、情報の価値がどんどん低下しています。

価値を生むのは、いつも誰でもが手に入らない情報です。

それらを入手するために必要なのは、自分で体験することで得られる一次情報。そして、信頼できる人から聞いた情報です。

私は様々な業界の方とお仕事をさせていただきますが、飲み会の席や打ち合わせで出てくる話は、ネットはもちろんのこと、本にも書かれていない情報が山ほどあります。書けない情報、と言ったほうが早いのかもしれません。

どこの業界がどのように動いているか。

どういうところに課題があるのか。

考えたら当たり前の話なのですが、ライバル企業に知られたくない新プロジェクトの計画を、誰にでもベラベラと話したり、ネットに公開したりするはずがありませんよね。水面下でじわじわとプロジェクトを進めて、ここぞというときにそれをパブリックにします。

見えている世界というのは、氷山の一角に過ぎないのです。

だから、「ここだけの話」はあちこちにいっぱい存在します。業界のトップは話せない話を話しています。

そんな水面下の動きを把握するためには、異業種の人と交流しなければいけない。

そのためにも日頃から、社外にも飛び出して、様々なジャンルの業界の人とのつながりを持ち、深めておく。そうすると新鮮で、質の高い情報が入ってくるようになるのです。

また、現場に行って得る一次情報の価値は、ますます高まっています。なんと言っても一次情報には説得力があります。なぜならば、「なにを言うか」はもちろん大切なのですが、「誰が言うか」も同じくらい大切なのです。留学したことがない人が留学の魅力を語るよりも、経験がある人が語ったほうが説得力がありますよね。自分はやらないのに「良い」と勧められても心が動きません。

ネットや本で情報を得るのも、もちろん大切。しかし、自分で行って、見て、聞いて、嗅いで、触れて、味わってと、五感全てから入力された情報が一次情報なわけですが、ただどこかから入手した情報を元に考えることと実際体験したことを元に考えることでは、深さが違います。

私の主戦場はグローバル教育ですから、海外を知らないのにグローバルを語ることはできません。「イギリスとアメリカ、旅行するならどっちがいいですか」と言われたときに、そこに行った実体験があれば「私にしか話せない言葉」を使うことができます。

アメリカは広い、大きいというイメージがありますし、ネットやテレビでもそれを感じることができることはあります。しかし、実際現地に行って感じるその規模は、全く違ったものなのです。イギリスと言えばイギリス英語と思うでしょう。しかしホテルや百貨店でも耳にするのは欧州各国を中心とした英語を母国語としない人たちの英語なのです。

こういうことは足を運んで、その場で感じて初めて手に入れられる情報なのです。

100点満点の段取りなんて、そもそもありません。しかし、情報をたくさん持っているかどうかが段取りに大きな影響を与えることは事実です。コツコツと積み上げる質の高い情報は、あなたならではの価値を生む上での、大きな資産となるのです。

Quality before quantity
量より質

16 やることを二つに分類する

段取りを考える上で重要なのは、**脳が最も活発な時間帯に最も集中力を必要とする仕事をする**ことです。脳が疲れた状態のときに気合でなんとかしようと思っても、全然進まなかったり、クオリティが低いものができてしまったりするからです。夜に眠い目をこすって頑張って仕上げた資料を翌朝見直ししたら、「全然ダメじゃんこれ。やり直さないと」となった経験がある人は少なくないでしょう。

ですから、高いパフォーマンスを発揮するためには、まずタスクを大きく二つに分類することが重要です。それは、集中力が必要なタスクと、それほど必要でないタスクです。

例えば、重要な書類作りや、文章の作成、企画を考えることなどは集中力を要します。一方で、メールのチェックや電話をかけること、プリントやコピーをすることなどは、特に集中力を必要としませんよね。

私の場合で言うと、本の執筆をしたり、講演や仕事の資料を作成したりすることが多いのですが、まさにこれらは集中力を要します。脳が働かない、集中できる環境がないときにいくら頑張ろうと思っても、手が進みません。

逆に簡単な書類の確認作業やメールの返信などは、それほど集中力がなくてもできますから、スキマ時間にでも十分できますし、集中力があまり保てない脳が疲れているときでも問題ありません。

段取りの悪い人は、まとまった時間が取れる時間帯に、スキマ時間でもなんとかなることに取り組んでしまって、集中力が必要な仕事にちゃんと時間を割けない、脳がもう疲れて働かない、という事態に陥ってしまいます。

せっかく脳がシャキッと働く時間帯で時間もしっかりあるのにメールの返信をせっせとこなして、「今日もメールの返信が多かったな。疲れたよ」となってしまう。

そして、「あぁ、でもあの会議の資料をまとめないと」となって、全然捗《はかど》らないという状態に陥ってしまい、厄介なことに、仕事が進まないのは自分の能力に問題があるからだと思ってしまうのです。何をやるか、ということも大事ですし、いつやるかということも同じく重要なのですが、それをないがしろにして自分を追い込んでしまっていては、自信を失いかねませんよね。

タスクをしっかりと分けて、それぞれいつやるのかを段取りしないと、このようなマイナスのスパイラルにはまってしまいます。

ついでに言うと、これは何も仕事の話だけではありません。キャリアアップのために英語や資格などの勉強に励んでいる人もいるでしょう。

例えば英単語を覚えるとき、単語帳を覚えるようなタスクの場合は、別に机に向かっていなければならないということはありませんよね。電車の中や、バスの中、テレビを見ながらでもできます。一方で文章問題を解いたり、小論文やレポートを書いたりということはまとまった時間と集中力を要します。

まとまった時間を必要としないような作業系のタスクは細切れの時間を活用すればいいですが、まとまった時間で集中して取り組まなければならないものはそのための時間を確保して取り組まないと、非効率のスパイラルにはまって「ああダメだな」となってしまいます。
人間の脳は集中できる時間帯が1日の中で限られているので、その時間帯に集中力を要するタスクを入れていかないと、仕事や勉強は思うように進まず、無力感へとつながっていくのです。

まずは仕事でも勉強でも、**タスクを思考系と作業系に分類**しましょう。そしてそれぞれを「いつやるのか」ということをしっかりと考えましょう。
あなたのポテンシャルを最大限に引き出す段取りは、そこから始まります。

Classify　タスクを分類する

17 PDCAはとにかく回転率を高める

ビジネスパーソンであれば、PDCAという言葉を聞いたことがない人はいないのではないでしょうか。

Plan（目標設定と計画）、Do（実行）、Check（測定と評価）、Act（改善）、この四つの行動（PDCAサイクル）を繰り返し回すことによって、効率良く成果に至ることができると言われています。

ただ世界的に見ると、日本人は行動が遅く、その原因にPDCAがあるとも言われています。なぜならば、きちんとしたPlanがないとDoしないからです。「Plan」、つまり行動する前に「いつまでに、何を、どれだけ、どうやってやるか」を明確にします。

このしっかりとしたPlanを作るために「ああでもない、こうでもない」とあれこれ時間をかけすぎて、Doまでの道のりが長くなってしまいます。欧米の企業では、「やってみないとわからない」という考えが基準となっているので、見切り発車が当たり前のように行われています。

これは、チャップリンのこの名言に集約されているように感じます。

Imagination means nothing without doing.

（行動を伴わない想像力は、なんの意味も持たない）

本書のテーマである「段取り」というのはＰＤＣＡでいうところのＰにあたります。

しかし、Plan で止まってしまったら、確かになんの成果も生みません。

ダイエットを例にとってみたらわかりやすいですが、ネットや本でいろんな方法を知り、緻密な計画を立てたとしても、実行しなければ痩せることは絶対にあり得ませんよね。

ＰＤＣＡは大切ですが、「完璧な Plan はない」ということを常に念頭に置いておくことではないでしょうか。

「やってみなはれ。やらなわからしまへんで」

とはサントリー創業者の鳥井信治郎が残した名言ですが、本当にやってみないとわからないことだらけです。

行動するために考えるより、考えるために行動することが大切です。

ですから、段取りをする上でも、長距離走をするイメージより、短距離走をたくさん繰り返すようなイメージがいいのではないかと思うのです。

そうすることで、ＰＤＣＡの回転率を高めながらゴールまで向かうことができるようになります。

行動をすることで何かしらの結果が返ってきます。

うまくいく場合もあれば、うまくいかない場合もあるでしょう。

しかし、大事なのが次の「Check」。今進んでいる方向性がそれで大丈夫なのかを確認するために、極めて重要なステップです。

「この方向性で進めていって、本当に期限までに達成できるか」を途中で確認できるようにしておかないと、方向性がずれたまま進行してしまっていたら、あとで修正することが難しくなってしまいますし、期限までに間に合わない可能性も出てきます。

Follow the right path 方向性を確認しよう

2カ月で5キロダイエットするぞ、と思っても、毎日体重を測らないと、今の方法で順調に痩せられるかを判断できませんよね。

効果測定をすることで、うまくいくやり方をさらに応用したり、ダメなやり方を改善することもできます。ですから、できるだけこのチェックのプロセスには数字など具体的にわかる基準を取り入れましょう。そのチェックを経て、今のやり方で目指す時期までに目標を達成することができるのかを現実的に考え、難しそうであれば「改善」をして、次のサイクルに入っていきます。

このように回転率を意識しながら「PDCAサイクル」を回すことを前提にして段取りを組めば、確実にゴールへの道のりを進むことができるようになります。

18 パターン化でメッシになる

世界一のサッカー選手だと言われるバルセロナで活躍するリオネル・メッシは、走らないことで有名です。1試合あたりの走行距離はトッププレーヤーの中でも平均値以下。それでも毎年世界トップのゴール数を記録しています。それも世界トップのリーグで、です。それは、闇雲に90分間走り続けるだけではなく、勝負のポイントを見極めてダッシュして、高い技術や得点能力を発揮しているからなのです。常にダッシュしているのではなく、力を抜いている。しかし、勝負のポイントだと見極めた瞬間にダッシュして、持てる力を発揮するのです。

ドリブルだってそうです。ずっと全力疾走でドリブルをしていたら、相手はそのスピードに慣れます。ゆっくり走っていたのに、いきなりトップスピードにギアを入れるから、相手はついてこられないのです。

仕事で結果を出している人を思い浮かべると、同じことが言えますよね。

逆に頑張っているのに結果が出ていない人は、力の入れどころ・抜きどころを意識していないから、ここぞというときにジョギングしている感じになってしまっているわけです。


段取りにおいて大切なことは、**力の入れどころと抜きどころを明確にする**ことです。

全てに頑張る必要性はなく、むしろ手を抜いていいところは抜いたほうがいい。

その一つの方法としては、パターン化しておけるものはパターン化しておくことで、余分なエネルギーをそこに割く必要がなくなります。

その典型的なものがメールではないでしょうか。スマホであれば、「おは」と入力したら候補のところに「おはよう」「おはようございます」というものが表示されるので、それを選択すれば入力がラクです。この便利な機能を使わずに、毎回1文字1文字ずつ入力することには意味はありませんよね。


私は仕事柄、日本語だけでなく英語でもメールを書く機会がありますが、どちらの言語においてもメールで使う言葉というのはある程度パターン化できるのではないでしょうか。

「先日はありがとうございました」などの簡単な挨拶に始まって、用件を伝えて、締めの挨拶をして、それで終わりです。挨拶文や締めの文はたいてい決まっていますよね。毎回入力するのは時間とエネルギーがもったいないですから、常套句をパソコンやスマートフォンのユーザー辞書に短文登録しています。

「め」と入力して変換するだけで、「いつもお世話になっております」「ご無沙汰しております」「お手数ですが、ご検討ください」「今後とも、よろしくお願いいたします」のような常套句が20ほど出てくるようになっているので、一発で入力できてしまいます。

メールのほとんどがハンバーガーのような構成ですから、バンズはパターンでこなして、メインパーツに力を入れる、ということはすぐにできるはずです。

英語も同じように登録しておくことで、素早く常套句を引っ張り出せるので、メールに割く時間を一気に短縮できてしまいます。かつてはたくさんの常套句を短文登録していたのですが、使うものが結構限られるので、今は「えめ」と入力するだけで「Thank you so much for」や「Have a nice weekend」「It would be great if you could」のような常套句がすっと出てきて、続きを考えるだけですみます。

マーケティングにおいて全体の2割である優良顧客が売上の8割を上げているという「パレートの法則」はビジネスではよく登場する言葉なので、今更説明する必要もないかと思いますが、ある仕事の成果を左右するポイントは全体の2割に過ぎないかもしれません。そこにエネルギーの8割を割くことが大きな成果を上げるためには必要で、残りの8割はこれまでにこなしてきた仕事から抽出したパターンやテンプレートなどの型でこなすことができるのではないでしょうか。

段取りを組むときには、どこに最も自分のアイデアやエネルギーを費やす必要があるかを徹底して考えましょう。そして力を抜いてパターンでこなせるものは、徹底してパターン化してしまいましょう。

Gain control　力の加減を

19 ちょっと悲観的なプランをベースに考える

段取りが苦手な人の中にも、きっちりと段取りを考えている人がいることも事実です。

「まずはあれをいつまでに終わらせて、そして次にこれをいつまでに……」という具合に考えてはいるのですが、何か一つ思い通りに進まないと、そこでパニックになってしまうという人も少なくないのではないでしょうか。

問題は起こりうる問題を想定できていなかったこと、思い通りに進まないことを前提にしたプランを持っていなかったことでしょう。

サッカーや野球などのチームスポーツでは、ゲームプランというものがあります。

対戦相手を分析して、どんなメンバーを先発で出し、そこからどんな風に試合が進むかということを考えて、サブメンバーや試合の組み立てを決めます。

そしてその試合に向けてどんな練習をしたら効果的かを考えて準備を進めるのです。

スポーツにおける試合に向けての段取り、というわけです。

果たしてゲームプラン通りに試合は進むでしょうか。

もちろんそんなはずはありません。

相手はこんなメンバーで来るだろう、と思っていても、意表を突いたメンバーで来るかもしれませんし、試合開始早々に不運が重なって退場者が出てしまうかもしれません。

サッカーは刻々と状況が変わっていくスポーツですから、思い描いていたゲームプラン、つまりプランAがうまくいかなかったとき、ポジション変更や、選手交代というアクションを、いつどうやって実行するか、リアルタイムな対応が必要になります。

「すみません、電車が遅れてしまって……」と言いながら遅刻を繰り返している人は、それだけで段取りが悪い人だということが伝わってしまいます。

私は京都に住んでいますが、東京出張が少なくありません。1日の東京滞在で6、7件のアポが入ることもありますから、いろんなことを想定して計画を練ります。

基本的には、ちょっと悲観的に、A地点からB地点までの移動方法をいくつか調べておきます。「メトロだったら15分で着くことができる。でも、もしメトロが止まったとして、タクシーだと30分かかる。だから、アポとアポの間は最低でも45分は空けておかないと」という風な計算ができます。何もトラブルなくスムーズに進んだときは、空いた時間はカフェでメールの返信をする、などと決めておけばいいですよね。

アポは相手の都合もありますから、どうしてもびっしりとしか予定が組めないときもあります。そのときは事前に相手に「一つ前のアポが有楽町であり、14時終了予定ですが、飯田橋に14：30だと電車の遅れなどがあれば少し遅れが出る可能性があります」ということを伝えた上で、アポを取る。そうすると相手のほうから「では有楽町まで行きますよ」となるかもしれませんし、実際に遅れが出たとしてもちゃんとそう伝えてあるので不快に思われることもありません。

このときに全く何も事前に考えていなかったらどうなるでしょうか。「自分の責任じゃないから仕方ないよ」、と放り出すこともできますし、確かにそう感じる気持ちもよく分かりますが、**「自分にできることを考える」**のができるビジネスパーソンですし、いい仕事をするためのアポですから、その機会を逃してしまうのはもったいない話です。

Be cautious　慎重であれ

だから私は、まず全てが順調にいった場合の段取りを組んで、ちょっと悲観的な段取りを考えます。そうしておくことで、何かが起こったときにも冷静に対応ができます。

実際には事故渋滞に急に巻き込まれるリスクなど、あれこれ考え始めたらきりがないとは思いますが、25％くらいの確率で起こりうることはひとまず想定して、段取りを組むといいでしょう。

それ以下の確率のことをあれこれ考えすぎても、段取りに無駄が増えてしまう可能性があります。

ちょっと悲観的なプランをベースに、うまくいったときのプランと、それでもダメだったらという結構悲観的なプランも一応念頭に置いておくと、状況に合わせて柔軟に動きやすくなります。

20 リソースを把握して、活用する

段取りとは、目指すべきゴールを決めて、そこに自力で懸命に突き進むことではありません。そこに向かっていくために、どういうリソースを活用するかということをまずは把握しなければなりません。

例えば、京都から東京へ向かうならば、車で行くのか、新幹線なのか、それとも夜行バスなのか。いろんな選択肢がありますよね。どれがベストであるということはありません。途中でいろいろなところに立ち寄りたいのであれば車が便利かもしれませんが、自分で運転するとなると疲労は考慮しなければなりません。新幹線ならば、ゆったり座って車内で仕事をしながら速く移動できますが、費用が高くつきます。夜行バスならば、新幹線が台風の影響で動かないときでも走っていることも多いし低価格ですが、翌朝は少ししんどいかもしれない。

このように、一つのゴールを達成するための手段というのは様々です。

そこで、いい段取りをするためにはリソース、つまりどんな資源が手元にあるか、**どんな資源を活用すれば効果的かを判断する**ことが大切なのです。

そのために把握すべきものは次の五つです。

ヒト（H）、モノ（M）、カネ（F）、情報（I）、時間（T）です。HMFITです。

これらの資源を整理してその組み合わせを考えることも、段取りです。

ヒトに関しては、上司にアドバイスをもらったり、同僚や部下に仕事を任せたりすることで、自分が最も力を発揮できるところで仕事をすることができます。**段取り上手は、ヒトを巻き込むことがうまい**。

モノに関しては、今手元にどういう物的資源があるのか、それを使って何かできるのか、それとも調達しなければいけないのかを考えることですね。

煮物を作ろうと思ったら料理酒が切れていた……。スーパーに買いに行くのか、それとも本みりんがあるからそれで代用するのか。このようなことですね。

カネは言うまでもなく、どこまでお金をかけられるのかによってできることも変わってきます。潤沢な予算があれば大胆なことができるかもしれませんが、限られた予算でとなれば、どうすればいいか創意工夫することを優先しなければなりません。

外部から調達することも一つの手段ですね。情報は、自社にその技術やノウハウがあるのかないのか、ターゲットとなる顧客情報はどうか。

それによって自社で全てやるのか、それとも他社とアライアンスを組んだほうが早く目標を達成できるのかを考えなければなりません。


そして時間です。仕事はなんと言ってもタイムフレームがありますから、それを無視することはできません。どれだけの時間があるのか。そしてその時間内でなににどの程度の時間をかけられるのかを整理しないと、締め切りまでに間に合わないですよね。

だから時間を整理しなければならないのです。常にタイムフレームを意識しておかないと、いい段取りはできません。

その仕事のゴールが決まったら、そこまでの道のりを明確にします。ルートがいくつもあるならば、それらを全て書き出しましょう。そして、これらの五つの資源の状態はどのようになっているのかを整理しましょう。何が手元にあって、何が足りないのか。足りないものは社内で用意できるものなのか、それとも外部から調達するのか。

全て書き出してみましょう。そして、どうすれば最もスムーズに進めることができ、お客様や取引先にとってベストな仕事をすることができるのか、その組み合わせを考えましょう。

第3章

コミュニケーションで段取りを加速させよう

21 相手の頭の中にある言葉をイメージする

ソクラテスは「大工と話すときは、大工の言葉を使え」と説いたと言われています。

プレゼンや商談などであなたが使う言葉は相手にちゃんと届いているでしょうか。

コミュニケーションは、受け手に届いてこそ成立しますから、相手の頭の中にある言葉を使わなければ成立しないのです。カギは「受け手」にあります。

「ふぁぼありがとうございます」
「全部かわいくて草」

ＳＮＳを見ていると、若者たちがよく使っているのを見かける言葉です。

「ふぁぼ」はfavorite（お気に入り）の意味で、ＳＮＳでの「いいね」のことを指していますし、「草」というのは「笑える」「ウケる」のような意味で使われています。詳しくない人からすると、ちんぷんかんぷんですよね。

言葉は相手とのつながりを生み出すツールでもありますが、一方で相手との壁を作るものでもあるのです。

しかし、これは何も若者に限った話ではなく、専門的な分野にどっぷりとつかっている人の中には、専門用語を多用する人が少なくありません。

商品やサービスについて専門用語を交えながら説明してしまうと、その言葉がお客様には届いていないことがよくあります。お客様と話すときはお客様が理解できる言葉で話す必要があるのです。なんとなく伝わっているような感じに見えて、相手の頭の中はもやもやとしていることでしょう。


私は日英通訳をする機会が度々あります。そのときに大切にしているのは、相手の使う英語をよく聞くということです。まずしっかり聞くことで、どのレベルの英語が相手にとってベストかを測るのです。英語を話す人は世界で17億人いると言われていますが、母国語として英語を話す、いわゆるネイティブは4億人しかいないのです。その4億人は英語を母国語として使っていますから、気遣いなく英語で話しかけても問題なく通じます。

しかし、残りの13億人は英語が話せるとは言ってもレベルはバラバラです。英語のレベルをしっかりと聞き分けて、こちらもレベルを合わせて話さないと、その単語や表現がいかにいいものであっても、相手がそれを知らなければ通じないということがあるのです。難しい言葉を使うとかっこいいかもしれませんが、通じなければ意味がないのです。

また、仕事中に当たり前のように使われている言葉の中には、実はその業界でしか使われない略語・社内でのみ通じる造語が存在します。

新入社員や初めてその業界に入ってきた人はさっぱり意味がわからなくて、それゆえ会議の内容を誤って解釈してしまったりすることがよくあるものです。

本当に頭の良い人とは、難しい話でも噛み砕いてやさしく伝えられる人です。相手にどうしたら伝わるかを理解しているからです。

ですから、プレゼンや商談、会議に向けて資料を作るときには、相手の立場に立ってその言葉はちゃんと伝わるかどうかを検討しなければならないのです。

どうしても専門用語が多くなる場合は、簡単な用語集を資料に入れるなどの配慮をしたいものですね。

とにかく話せばいいというものではなくて、相手を動かしたい、商品を買ってもらいたいなど、コミュニケーションの先にはゴールがあるはずなのです。

一方通行になってしまわないように、事前にシミュレーションをして、どんな言葉を選択すれば相手に通じるか、コミュニケーションをスムーズにするために用意できる資料はないだろうかということを考えてみましょう。

Have a language in common

相手の頭の中をイメージする

22 メールは短く、短く、そして早く

段取りがうまい人はメールが短いです。

多忙を極める人は限られた時間の中でたくさんのメールを読み、返信をするわけですから、だらだらと長い文章があって、「で、結局何が言いたいの？」と思っていたら、最後のほうに結論が来るような文章は負担になります。

パッとメールを開いて、とても長い文章が画面に現れた瞬間に、読む気が失せてしまう可能性だってあります。読むだけでも大変ですし、それに返信することも考えると、相当な時間がかかってしまうのではないかということが頭によぎります。

「来月のプレゼンの件で○○課長にご相談したいことがあります。お時間をいただけないでしょうか」

「御社の○○について興味を持っており、協業できないかと考えております。面談の機会をいただけないでしょうか」

このようにまず最初に要件を書いて、それから具体的な内容を説明することで相手への負担を減らすことができるようになります。

メールの内容を短くすることも重要ですが、それに加えて一文を短くする、ということも重要です。

「先日ご提案いただきましたプロジェクトについて、社内で検討いたしましたところ、全体的な流れを理解することはできましたが、いくつか不明点が出てまいりまして、下記に列挙いたしましたので、ご覧いただいた上で、回答いただけますと幸いですがいかがでしょうか」

とても長い文章でなにが言いたいのかがぼやけてしまいますよね。逆に短く書くと、スッと頭に入る、わかりやすい文章になります。

結論を述べてからその理由を簡潔に述べる。メールは送信する前に一呼吸置いて、見直してみましょう。削るところはないか、遠回しになっていないかという二つの視点が重要になります。

また、**段取りがうまい人はいつも全体を俯瞰することができています**。

段取りは自分だけのものではなくて、仕事に一緒に取り組む相手にも段取りがあることを理解しているのです。

だから段取りがうまい人はメールの返信が早いです。もちろんお礼のメールや何かの報告のメールであれば、相手はそれほど早く返信がほしいと思うこともないでしょう。しかし、仕事の依頼や相談などのメールの場合は、早く返信をもらえたほうが相手も段取りを考えやすいですよね。

ですから私は「メール12時間ルール」を作っています。長時間飛行機に乗っているようなとき以外は、12時間以内に返信するということです。こうしてルールを作っておかないと、考えがまとまったら返信しよう、準備ができたら返信しようと思ったまま時間が経ってしまって相手を不安な気持ちにさせてしまう……、ということになりかねないのです。

すぐに回答できない内容もあるでしょう。

例えば、誰かに確認を取ってから連絡する場合は時間がかかりますし、長い文章の翻訳の見積書作成依頼であれば内容を簡単に確認してから、となります。その場合にも、「お問い合わせの件につきましては○○に確認中ですが、現在出張に出ているため明日の10：00までには回答できる見込みです」と状況を説明しながら伝えておけば、相手も納得ができます。

レスポンスがないことが相手を心配させることにつながってしまうので、**メールの返信にも締め切りを設けて、その締め切りまでにとにかくレスポンスをしましょう。**

仕事は相手があって成立します。ですから、相手にやってほしいこと・尋ねたいことを的確に伝えて、うまく仕事を進めるために、メールは短く結論から述べ、文を短くまとめ、12時間以内にとにかく返信するという締め切りを作るのです。

この3点を意識しながらメールを活用して、仕事をうまく進めていきましょう。

Write straightforward emails　Eメールは簡素に

23 一歩先をスケジュール化しておく

段取りにおいて重要なことは、一歩先を常に考えることです。

取引先から会食のお誘いを受け、ディナーをご馳走になったとしましょう。会社の上司にご馳走になったのであれば、翌日に直接お礼を伝えることができますが、取引先だとそうはいきません。やはりその場でのお礼だけではなく、メールでもお礼を伝えたほうが印象は圧倒的にいいでしょう。

せっかく取引先と食事をご一緒して、お互いの距離が縮まっても、お礼のメールがなかったために悪い印象を持たれてしまうのは、大変もったいないですよね。

ですから、接待に参加した時点で終わりなのではなくて、もう一歩先を考えて、改めてお礼メールを送るということをセットとして考えるのです。

いつもお礼メールはしているとしても、ちゃんとそれをスケジュールの中に組み込んでいるという人は少ないように思います。

気まぐれに、「あ、そうだ昨日のお礼メール送っておかなきゃ」と思い出したら送るということだと、次の日の忙しさで忘れてしまったり、かなり時間が経ってからになってしまっていたり……。こんな風になってはいないでしょうか。

会食に参加すると決まった時点で、夜の会食のお礼は次の日の朝に、昼の会食のお礼は必ずその日のうちにする、ということをタスクリストにきちんと書き出して入れておけば、先延ばしすることもお礼を伝え忘れることもなくなるでしょう。

仕事を円滑に進める上では、相手のことを大切に考えているということをしっかりと行動で示す必要があるのです。だから、一歩先を考えて想定できることを予めスケジュールに落とし込んでおくのです。

そのほか、私は打ち合わせをしたらなるべく早くその内容を自分の言葉でまとめ直します。記憶は鮮度が大切ですから、早いうちに見直したほうが圧倒的にまとめもうまくいきます。

打ち合わせの内容をまとめ直す時間を持つということも、タスクの中に入れスケジュール

化させておくのです。

ネットショップで買い物をしたら、商品が到着した数日後に、お店から「商品はいかがでしたか」というフォローのメールが届くことがありますよね。これもまさに購入したその一歩先を想定した行動です。

「商品を売った時点」がゴールではなく、「ちゃんとお客様に喜んでもらうこと」がゴールだと考えているから、一歩先の行動が仕組み化されているのです。結果、利用者も大事なお客様として扱われていると感じることができます。

仕事には相手がいるものですから、段取りも考えずに思いつきで行動していると相手にはそれが伝わりますし、信頼関係を築くことは難しくなるでしょう。先を読んで、想定されるタスクを予めスケジュールの中に埋め込んでおくことで、「あ、忘れた」を防げます。

皆さんも、スケジュール帳や今日のタスクリストの全体を俯瞰してみてください。

取引先にお礼のメールを送ること

打ち合わせの内容をまとめ直す時間を確保すること
お客様に購入後フォローの連絡を入れること
などが、「手が空いたときに」となっていませんか。そうなっていたとしたら、今すぐ手を打ちましょう。

一歩先を読んで仕組みを作っておくことは、重要な段取りなのです。

Think one step ahead　一歩先を

24 こまめな確認で信頼を高める

やり直しが好きな人なんていません。上司や取引先にダメ出しをくらって、せっかく頑張ったのにまた最初からやり直し。それではモチベーションは下がってしまいます。

「それならそうと最初から言ってくれればよかったのに」

「今さらそんなこと言わないでほしい」

もしかすると上司の伝え方が悪かったのかもしれません。言葉足らずだったのかもしれません。でもそれはあなたには変えられないことですから、自分にできることを探したほうがよほど効果的です。

ＰＤＣＡは回転率が命。段取りをする上でも、長距離走をするイメージより、短距離走をたくさん繰り返すようなイメージがいいのではないかとお話ししましたが、そのキモとなってくるのがこまめに確認を行うということです。

誰でも一発ＯＫがもらえるに越したことはありませんし、それゆえ途中で確認することをためらう人がいますが、上司や取引先も最後までなんの報告もないほうが心配です。

もちろんすでに説明されたことや指示されたことはしっかりとメモし、覚えておかなければ「何度同じことを言わせるんだ」と信頼を失いかねませんが、進めていくうちにわからないことが出てくるのは自然なことですし、方向性が合っているかどうかを確認するのも大切なことです。

一発ＯＫを狙ってやり直しになるとモチベーションが下がりますが、逆にこまめにフィードバックを得ることであなたのモチベーションを高めることも可能です。


自己効力感という言葉を聞いたことがあるでしょうか。

「自分はそれを達成できるという感覚」のことで、ノースカロライナ大学の教育心理学者デール・シュンクによると、自己効力感を高めるには次の四つの条件があります。

一つ目は「自分が目標設定したこと」。

二つ目は「フィードバックがあること」。

三つ目は「進捗が管理されていること」。

四つ目は「自分の頑張りによって達成できるという意識があること」。

この二つ目の「フィードバックがあること」というのがまさに、こまめに確認を取るということに他なりません。「自分がやっていることは上司の求めていることに合っているのかな？」「こういうことが取引先が求めていることなのかな？」と、取り組んでいることに確信が持てないと、スムーズに仕事を進められなくなってしまいます。

フィードバックがあることで、もやもやとしたものが解消されて、目の前のことに集中できる環境を持つことができるのです。

迷いが生じたらそのタイミングで素早く相談をする。そして、こまめにすり合わせをすることです。

段取り力の高い人は、小さなＰＤＣＡをたくさん回すことで微調整を繰り返し、大きなやり直しを防ぎます。

私は会社に属してはいませんから、取引先やお客様があって仕事が成立します。会社勤めをされている方であれば、取引先や上司があって仕事が成立します。

いずれの場合にも、どんな仕事の向こう側にも人がいるということですから、いい仕事をするためには相手の期待値を上回ることが不可欠ですね。

ですから、こまめに確認することは、相手があなたに何を期待しているのかをしっかり捉えることにもつながります。

相手の期待値を上回り、信頼を獲得しましょう。

Always double-check 確認はこまめに

25 知らないことは知らないと言う

「聞くは一時の恥、聞かぬは一生の恥」

ということわざを聞いたことがない人はいないでしょう。

段取りが下手な人は、打ち合わせで知らない言葉が出てきたときに、ついつい知ったかぶりをしてしまいがちです。「あとで調べればいいか」と思ってその場でその疑問を解決せずにやり過ごしてしまうのです。

そしてあとでその言葉を調べてみると、いろんな情報が出てきて「え、結局それってどういうことなんだ?」。

もしくは、その言葉が出てきたあたりの話の内容を理解できていないせいで「で、それをどうするんだっけ?」となってしまう。

そうすると、せっかく打ち合わせした内容を元にしてプロジェクトの段取りを組もうと思っていたのに、そこで行き詰まってしまうのです。

ドイツの心理学者、ヘルマン・エビングハウスが提唱した「エビングハウスの忘却曲線」を知っている人も多いでしょう。私たちの脳は20分後に42%、1時間後に56%、1日後に67%、1週間後に77%、1カ月後に79%を忘れてしまうというのです。

つまり、打ち合わせを終えた20分後には、半分近くの記憶が曖昧になっています。

ですから、ノートにメモをしたりするわけですが、知らない言葉が登場したところはあまり理解できていないはずですから、打ち合わせ中にとったメモの内容も曖昧になっています。あとでその言葉を調べて、そのときの話を思い出して……としているうちに記憶は曖昧になってしまっているので「やるべきこと」も曖昧になってしまいます。

わからない言葉が出てきたときにすかさず、「不勉強で申し訳ありませんが、○○ってどういう意味ですか？」と聞くことができたら、その場で理解をすることができますし、ノートも的確に取れたはずですよね。

「こんなの聞いちゃったら、バカって思われるかも？」とか「怒られるかも？」などと考える必要なんてありません。自分の無知と経験不足を露呈しているように感じて勇気が必要かもしれませんが、やはり「聞くは一時の恥、聞かぬは一生の恥」なのです。

あなたの仕事の目的は、上司や取引先、ビジネスパートナーの依頼を的確に理解して、それに応えることだからです。

知らないはずのことを知っているかのように振る舞うことによって、相手の考えや要望をきちんと理解できなかったら、相手の期待に沿った仕事ができない可能性が高くなります。それによって評価を下げたら、何にもつながらないですね。

誤解してはいけないのは、日頃から新聞や本を読んで勉強する必要はあるということです。なんでもかんでも「それってどういう意味ですか」と質問ばかりしていたら、打ち合わせが進みませんよね。相手の業界のことや、ニュースで話題になっていることなどについて、一定の知識を持っておくことは大切です。

そして大事なのは、**同じ質問を何度もしない**こと。

一度聞いたことはしっかりメモを取るなど忘れないように心掛け、次へつなげていけばいいのではないでしょうか。

段取り力が高い人は、知らないということを素直に言うことができます。その場で意味を確認できれば、あとで調べるという手間も省くことができますし、何より本当の「実利」を最優先するからです。

仕事をしていれば、誰しもわからないことにぶつかります。特に異業種の方と打ち合わせをしていると、業界用語が自然と出てくることがあります。その方にとっては日常的に使う言葉でも、あなたにとってはそうではない、ということはよく起こることです。

そこでちょっと勇気を持って質問できるかどうかは、とても大きな違いを生みます。

Don't be afraid to ask 聞くは一時の恥

26 事前準備で信頼関係を築く

「知らないことは知らないと言う」ことが大切だということをお伝えしましたが、だからと言って、何も勉強しなくていいということではありませんでした。

ビジネスの相手と会社・業界についての知識を共有できたら、関心を持ってきちんと準備してきたことが相手に伝わります。ちょっとした発言や態度にそれは現れるものです。

下手な鉄砲も数打てば当たる的に仕事をしている人よりも、「あなたと一緒にお仕事がしたいんです」ということを伝えられる人のほうが、相手を動かせることは明白です。

私は初めて打ち合わせの機会をいただくときには、少なくとも相手の会社のホームページ、ブログやSNS、場合によっては著作物などにも目を通します。初めてお仕事をする出版社さんであれば、売れ筋の本は全部読みます。

ホームページだけパパッと見て、「ああ、〇〇業か」、と表面的なことしかわかっていないというのは話をしていればすぐに相手に伝わるので、愚の骨頂です。

特に**相手の方が発信している情報で、話のネタになりそうなものを調べておきましょう。**

「最近こういうものに興味を持たれているんだな」とか「こういう新しいチャレンジをされているんだな」とか、そういったことを調べてから打ち合わせに臨むのです。

「最近、○○○に新しくお店を出されたそうですね」

「そうなんだよ。いい場所でしょう。初期投資は確かに結構かかったんだけど……」

と話が膨らみます。これだけでグッと相手との距離が近くなるわけです。

「そう言えば、先月メルボルンに行ってこられたんですよね。いかがでしたか?」

「いやぁ、日本と季節が逆ということを忘れて、厚着して行っちゃったよ!」

結局のところ仕事も人と人とのつながりであることは変わりません。相手にも日々の活動やプライベートがあり、表面的な理解では見えない部分というものが存在するわけです。

もちろん、仕事の話だけでなくても構いません。

「最近○○が調子いいですよね!」

「いやぁ、長く続いてくれるといいんだけどね。去年も最後の最後で……」

と、相手の方が熱狂的に応援しているスポーツチームがあったら、そういった話を入れてみるというのもいいでしょう。全てが仕事に直結するわけではないですが、仕事以前に一人の人間同士でいい関係性を築けていると、会話はスムーズになります。

ラポール（rapport）という言葉を聞いたことがある人も多いとは思いますが、フランス語で「橋をかける」という意味で、いい信頼関係を指します。

心理学やＮＬＰで使われる言葉です。

相手にお願いごとをする前には、いかにラポールを築くかが大事。

どこの街にも昔から続いている小さな商店や八百屋さんがありますよね。品揃えが良くて安いスーパーや大型ショッピングセンターがあるのに、なぜか潰れない。当たり前の話ですが、お客さんがいるから潰れません。もちろん何を買うかも大事なのですが、そこに来るお客さんは店主との何気ない会話を楽しみに来ていたりするわけです。

ガッチリとラポールが築けているから、顧客が離れない。

これからは個人に仕事が集まってくる時代です。「あの会社だから依頼しよう」ではなく、

Be sincere 誠実な姿勢

「あの人に仕事を依頼したい」という流れが強まっています。
その時代に大切なのが、人としてのつながりです。ほんの些細なことでも構いませんので、相手のこと、事業のこと、関心のあることなどについて事前に調べておくことで、相手との信頼関係を築くことがスムーズになり、あなた自身も仕事を前に進めることができるようになります。

これは取引先だけではなく上司や部下との関係においても同じです。ちょっとした準備で、相手といい関係を築き、応援してくれる人を増やしましょう。

27 いい質問で理解を深める

質問力が高い人は仕事を的確に進めることができる人です。一方で、質問が下手な人は、相手に質問の要点を理解してもらえないことから、回答の質が下がったり、意図からずれた回答しか得られなかったりするので、結局は悩みが解消されないままになってしまいます。

質の高い答えを引き出したかったら、質の高い質問をすることが不可欠なのです。

実際、上司に質問するのが苦手な人は多く、わからない点を聞かないまま仕事を進める人も多いのではないでしょうか？　しかし、質問は仕事をする上で避けては通れません。もやもやした状態でわからないことをわからないままにしておくことは、行動力を鈍らせる大きな原因となってしまうのです。きちんと聞きたいポイントが聞けるように、以下の点を注意しましょう。

1　まずは自分なりに考える

「すみません。わからないんですがどうしたらいいですか？」と丸投げの質問をするのは的確な質問とは言えませんね。あなたが何をどこまで理解できているのかわかりませんから、相手は何を教えていいのかわかりません。

「私はこう考えたのですが、もっと適切なやり方はありますか？」
「今、○○したのですがうまくいきません。何かいい方法はないでしょうか？」
などと自分が考えたことを具体的に説明しながら質問すれば、相手も答えやすくなります。

「英語が話せるようになりたいのですが、どうしたらいいですか？」という質問を私は多く受けますが、正直答えに困ります。それよりも具体的に、自分の目指すものは何か、今どういう取り組みをしていて、どこで行き詰まっているのかを交えて話してもらえたら、具体的なアドバイスができますよね。

2　簡潔にまとめてから質問する

質問するときは相手も仕事で忙しいということを前提に、なるべく時間を奪わない配慮をする必要があります。なかでも「結局、何が聞きたいの?」とよく言われる人は、簡潔に質問をまとめてから尋ねるようにしたいですね。

特に前置きが長く、会話の後半になってようやく質問が登場するパターンはNGですね。「22　メールは短く、短く、そして早く」でメールの書き方についてもお話ししていますが、質問をするときも同じです。

「先ほどA社との打ち合わせが終わりまして、そのときに○○さんが……それでですね、私としましては……」

と長い状況説明が続いてから質問がくるパターンだと、聞いているほうは「早く要点を言ってくれ」と感じてしまいます。要点が最後にきますから、話を整理しながら聞くことが容易ではありません。

一方で、

「○○について教えていただけませんか。実は先ほどA社との打ち合わせが終わりまして……」

だと、要点が先にきますから、聞く側も最後まで「要点はなんだろう」と考えながら聞かなくてもすみますよね。

質を上げるためにはムダを削ること。そのためにはまず簡潔に要点から述べる。そうすると質問する側も話しやすくなります。

ですから、質問を整理するのが苦手だなと感じている人は、まずメモに書き出して、どの部分が質問したい要点なのか確認してから上司に話しかけるようにしましょう。書き出してみることで自分の頭の中をすっきりと整理することができるはずです。

質問の仕方によって相手から引き出せる情報が何倍も変わってきます。

疑問や悩みを素早く、的確に解消するためには、なんとなくではなく、上手に質問できるようにしましょう。

Think before you speak 質問は整理して

28 三つの選択肢で相手を動かす

段取り力が高い人は、周囲を巻き込み、動かすことがうまいものです。

上司に相談をするとき、取引先に打ち合わせのアポを取るときにも、段取りがうまい人と下手な人で差がはっきりと出ます。

「来月あたり、都合の良いときに打ち合わせできますか？」

「打ち合わせができればと思うのですが、９月17日と23日、25日でご都合の良いときはありますか？」

前者が段取りがうまくない人。後者が段取りがうまい人です。

段取りがうまくない人は漠然としたお願いをしてしまい、相手の中で、あなたの依頼の優先順位は下がってしまいます。なぜかと言うと、選択肢が多すぎることで、考えないといけなくなるからです。

相手は「来月」という30日分の選択肢が与えられますから、すぐには決められません。「また、予定がわかったらお知らせします」となってしまい、忘れられてしまう可能性が高くなります。


一方で、三択だとどうでしょうか。

「18日は出張だし、25日はもう予定が詰まっているな。23日の13時からの1時間ならなんとかなりそうだ」

という風に、スケジュールを確認して判断するだけになるので、考えなくて良いですよね。仮にどれもダメでも、「24日だったら行けるんだけどな」と具体的に考えやすくなります。

つまり**選択肢を絞って提案することで、アポ取りに成功する確率はとても高くなる**ということなのです。


TEDでの講演は有名なのでご存知の人も多いと思いますが、アメリカの心理学者バリー・

シュウォルツは「選択のパラドックス」の中で、「選択肢の多さは無力感につながる」と説いています。

コロンビア大学のシーナ・アイエンガー教授の研究によれば、24種類のジャムの売り場と、6種類のジャムの売り場では、前者は後者の10分の1の売上しかありませんでした。選択肢が多いことで相手に自由を与えることは確かですが、一方で選択肢が多すぎると人は行動を起こしにくくなるのです。

相手に選択を委ねるということは一見相手にとって良いことのように感じますが、実はそうではないのです。「考える」という行為は時間とエネルギーが必要なので、相手はレスポンスしづらくなってしまいます。

だからと言って一つや二つに選択肢を絞り込みすぎてしまうと、押しつけがましく感じられてしまうかもしれません。

何かを相談するときも同じです。漠然とした質問を投げかけて「ご意見を聞かせてください」というより、A案、B案、C案を提示することで「A案が一番良いんじゃないかな。なぜならB案の場合は……」と、相手の反応を得やすくなります。

相手を巻き込む力というのは、いい段取りをする上でとても大事です。

忙しい相手にお願いをするならばなおさら、「ゼロから考えてください」という風になってしまわないように、三つほどの選択肢を用意してみましょう。

依頼の仕方を改善するだけで、相手の反応が良くなりますよ。

29

日頃から教わり上手になっておく

これまでにやったことのない仕事を引き受けると、どう段取りしていいか見当もつかないときがあります。やはりそういうときは、上司や先輩にアドバイスを乞うのがベストですね。

しかし、世の中には教わり上手と教わり下手の2タイプの人がいることも事実なのです。もう少し言い換えると、上司や先輩から見て、「教えてあげたくなる・サポートしてあげたくなる人」と「なんだか教えたくならない人」がいるのです。

どう考えても前者がいいですよね。

では、教わり上手な人とは、どういう人なのでしょうか。

それは、素直にアドバイスを聞くことができる人、そしてアドバイス通りにやってみる人です。

なんでもそうですが、教えを乞うのであれば、まずは自分の考えは捨てる。そして、完コピするくらいまでにやってみることですね。ましてやその道で結果を出している人からのアドバイスならば、なおさらです。

私は多くの企業や大学などで教育に関わっていますが、伸びる人と伸びない人の違いはまさにここにあると思っています。

伸びる人はアドバイスをしたら、すぐに試します。とにかく素直にやってみます。

そして、次に会ったときに報告してくれます。

「アドバイス通りやってみたらうまくいきました」という場合もあれば、「アドバイス通りやってみたのですが、まだうまくいかなくて」という場合もあるでしょう。

どちらの場合にしてもアドバイスした側からすると、素直に実行する人はサポートしたくなります。より良くなってほしいと思うことができます。うまくいかなかったのであれば、どこで詰まってしまったのかを一緒に考え、次こそはうまくいけばいいいと感じます。

しかし、アドバイスを乞う割には素直にやってみない人や自己流をどうしても貫いてしまう人は、「アドバイスしても、どうせやらないんだから、その必要はない」と判断されてしまうと思いませんか。自分のやり方に固執してしまう人は、伸びません。

パナソニックの創設者、松下幸之助さんは家庭の事情で小学校に3年半しか行くことができませんでした。しかし、松下さんは、自身が成功できた要因の一つとして、そのことを挙げられるのです。

学校を出ていないから、わからないことばかりです。だからこそ、松下さんは、「素直に人に聞くということしかない」、と考えたのです。人に素直に聞き、知識や知恵を学び続けたことで大きな成功を手に入れました。

だから、学校に行くことができず、人並みに学ぶことができなかったことを成功の要因に挙げられたのです。

知識も豊富で有能なのに出世しない人がいますが、よくある問題は、人にアドバイスを乞えないこと。プライドが邪魔してしまって、聞けばすぐに解決できるものでも聞かない。そして、聞いてもアドバイスを素直に実行できず、うまくいかない自己流に固執してしまうのです。だから、可愛がってもらえません。

一方で、可愛がられる人は「できない」ことを自覚して、素直に聞くので、周りも思わず手を貸したくなります。ウンウン唸って頑張ることよりも、日頃から教わり上手になっておきましょう。可愛がってくれる人が周りにいるほうが悩みもすぐに解決できるし、仕事もスムーズに進みますよね。

あなたは、素直に「アドバイスをください」と言えていますか？

Be honest 素直であれ

30 聞くに徹して、相手を理解する

「顧客と市場を知っているのはただ一人、顧客本人である」
（ドラッカー『創造する経営者』）

相手があなたに何を期待して仕事を依頼したのかを理解する努力は、いい仕事をする上で欠かすことのできないものです。

あなたがやり遂げた仕事を受け取る人がいて、仕事は成立します。どんな仕事も勘所というものがあります。

相手の要望や意向を的確に理解して段取りを組まないと、段取りの方向性がずれてしまっては、相手のニーズを満たすことはできません。だから、仕事がうまくいく人は、聞き上手なのです。

相手の話をしっかりと聞き、的確な質問をしながら相手が抱えている課題を見つけてい

きます。課題が明確になるからソリューションを提供できるようになります。

私たちは話し上手を目指しがちですが、聞く力を鍛えることも考えるべきです。聞き手に回ることで、相手からいろいろなものを引き出せるようになります。実際、コミュニケーションを成立させるためには、聞き手の力量が不可欠です。

段取りがうまくいかない人に多いのが、人の話をちゃんと聞いていない人です。相手の話をちゃんと聞かず、自分なりの解釈をして、がむしゃらに努力しても成果にはつながりません。成果が出ないのは頑張りが足りないのではなく、相手のことを理解できていないため、努力の方向性が間違っていたからなのです。

かつては、私も人の話を聞くことが苦手でした。その重要性を理解していなかったのです。いつも、話がなぜか広がらない。打ち合わせをしていても、お互い沈黙が多くなってしまう……。そんなコミュニケーションに対しての課題を感じて、大ベストセラー『誰とでも15分以上会話がとぎれない！話し方66のルール』（すばる舎）の著者である野口敏先生の主宰する教室に通ったほどです。

そこでまず徹底して練習したのが、「話の聞き方」だったのです。

話を聞いてもらえていると感じると人は気持ちがいいもので、もっと話したくなります。

しかしかつての私は、人の話の途中で「アァ、これってあれのことですよね」と口を挟んだり、「そう言えば私も先日……」と相手の話をさえぎって自分のものにしたりしてしまうから、相手は話さなくなってしまうのでした。


聞き上手になると相手は徐々に心を開き、一歩踏み込んだ話もしてくれるようになります。いくらビジネスの場とはいえ、みんなそれ以前に一人の人間ですから、「この人はちゃんと話を聞いてくれる」と感じたいものなのです。

相手がどういう意図や気持ちを持って話しているのかを理解し、共感する。相手の話をさえぎるのではなく、相手が話し終わり、相手のことを理解したということを示してから、適切な質問を投げかける。そうすると相手のことをより深く理解することができるようになり、良好な人間関係を築け、相手からも信頼されます。

話を聞くことがうまくなることで、初めてお会いする方とでも仕事を超えた話をすることができるようになり、いい関係づくりができるようになります。そうすると、疑問点も質問しやすいですよね。相手もあなたに遠慮せずに、要望を伝えやすくもなります。

相手の話を聞くからこそ、その仕事の方向性が明確になり、いい関係を築けるからこそ、細部をきちんと詰めることができるようになるのです。

31 報告でストーリーをイメージさせる

先ほど報告をこまめにすることの重要性についてお話をさせていただきました。

報告と言えば、報連相《ホウレンソウ》を思い浮かべた人もいるのではないでしょうか。ここで提案したいのがホウレンソウの質を高めるということ。きちんと意味のあるホウレンソウにすることの重要性について、お話ししたいと思います。

「先ほどAさんと打ち合わせをしてきました」

「昨日だけでAについて15件のクレームが入りました」

といった単純な事実を述べただけでは、報告とは言えません。

「それで？」となってしまいますよね。

では良い報告とはどういったものなのでしょうか。

大切なのは、**「ソラ・アメ・カサ」の3点を押さえて報告する**ということです。

マッキンゼーをはじめとするコンサルティングファームが用いる、代表的なフレームワークです。

●空……事実の把握　「雨雲が空を覆い始めた」
●雨……事実に基づく分析・解釈　「雨が降りそうに思う」
●傘……分析・解釈に基づく行動あるいは提案　「傘を持って行こう」

つまり、事実だけを報告するのではなく、事実からどんなことが考えられるのか、そして次のアクションはなにか、ということをまとめて報告するということです。

この3点を盛り込みながら報告をすると、良い報告になるのです。

例えば、

「先ほどA社と新規プロジェクトの打ち合わせをしましたが、先方の反応はとても良くスムーズに進みました。提案を受諾いただけそうですが、決裁が下りるまでは少し時間がかかりそうなので、こまめにフォローを入れていきたいと思います」

とすれば、単なる事実の報告だけにならず、どうすればより確実に仕事を進められるかが伝わります。これが一歩先を読んだ行動で、きちんとゴールまでの道筋を描いていることとから、段取りの良さが見て取れますね。

「空」（事実の把握）で気をつけなければいけないのが、事実の認識は客観的に、そして自分の目で確かめるということです。事実に自分の期待を上乗せして少し盛って報告したり、人から聞いたことを鵜呑みにしてあたかも自分が確認したかのように話す人がいますが、これではスタートからずれてしまいますよね。具体的な数字を交えて話すと、客観性を高めることができます（客観性については「33　数値化して客観的に判断する」で説明しているのでそちらを参照してください）。

「雨」（分析・解釈）についての注意点は、事実の解釈というのは一つに限らないという姿勢が必要だということです。空が曇り始めたら、「雨が降りそうだ」、「まだもう少しは大丈夫かも」「かなり強い雨になりそうだ」といろんな解釈ができますよね。一つに限定してしまうと、それが外れたときに対応できないのです。「プロジェクトは順調にいくだろう」という解釈しかしていなかったら、うまくいかなかったときに手を打つのが遅くなります。うまくいかなかったときのパターンも想定しておけば、対応は早くなりますね。

そして分析・解釈とあるように、分析はその原因や理由を考えること、解釈はそれがどういう効果を生むのかを考えることです。

そして最後に「傘」ですが、ここはやはり次の一手を打つということですから、考えうるベストな選択をするということでしょう。折りたたみ傘を持って出るのか、長傘にするのか、それとも一時的な雨だろうから傘を持たなくていいと判断するか。

事実の解釈を踏まえて、どうしたら成果に貢献ができるかという視点でベストの手を打つということですね。

結局のところ、段取りというのは、現在地からゴールまでの道筋を明確に描いているか、それを常に把握しながら上司や取引先とコミュニケーションを取っているかということなのです。事実は通過点に過ぎません。ゴールまでのストーリーの一部なのです。

大きなゴールへ向かう中で、その伝えるべき事実がどのような役割をするのかを報告しましょう。

Speak frequently コミュニケートする

32 具体的な言葉で信頼を勝ち取る

段取りをする上で、上司や同僚、ビジネスパートナーとコミュニケーションを取るときに、ついつい抽象的な言葉を使っていませんか。

「すみません、少し遅れます」

「まだ在庫はたくさんあったと思いますよ」

「会社に戻り次第すぐ送ります！」

と言われても、少し、たくさん、すぐ、といった言葉は抽象的で、はっきりわかりませんよね。

「5分遅れる」となれば、ここで待っていようかという判断もできますし、20分の遅れであれば駅前の書店で気になっていた本のチェックができるかもしれませんし、いくつかのメールの返信にその時間を当てられるかもしれません。

「たくさん」というのも具体的ではないですよね。きっとあなたと相手の頭の中で描いているイメージは違うはずです。

「戻り次第すぐ」という言葉も抽象的で、そもそも相手はあなたが何時に帰社するか、知らないでしょう。例え知っていたとしても、知らないことを前提に伝えることで相手から信頼を得ることができます。

ここで大切なことは、相手にも段取りがあるということです。

抽象的な伝え方では、相手は段取りを考えづらいのです。相手の立場に立って考え・伝えることは、円滑に仕事を進めていく上ではとても大切です。**常に具体的な伝え方を意識しましょう**。

抽象的な言葉は、相手を不安にさせたり、イライラさせたり、ときには大きな誤解につながってトラブルに発展するということすらあります。

そして、たいていの場合、形容詞や副詞がその原因となっています。

形容詞というのは「長い」「高い」「面白い」のように名詞を修飾する言葉。副詞は「たくさん」「すぐに」「早く」のように動詞や形容詞、文などを修飾する言葉です。

これらの言葉は人によって捉え方が違います。もちろん日常で友人と話す分には抽象的な言葉を使うことも全く問題ないと思いますが、**ビジネスにおいては特に数字は重要な要素ですから、数字化して伝えられるようにしましょう。**

「たくさんの人が参加しました」⬇「10000人の人が参加しました」

「みんな賛成していますよ」⬇「100人中74人が賛成していますよ」

「少しだけここで待っていてもらえますか」⬇「3分ほどここで待っていてもらえますか」

場合によっては、相手が抽象的な言葉で仕事を依頼してくることもあるでしょう。そのときはすかさずその場で確認したいものです。

「来週の打ち合わせの資料、早めに送ってくれる？」

と上司に言われたときに、きっとその「早め」という言葉の意味は自分の感覚とは違うものだ、という前提に立って質問しましょう。

「明日の10時までに送ればいいですか？」

この質問であなたは信頼を得ることができます。なぜならば、「10時までに送ってくる」という前提に立って、上司は他の仕事の段取りを組むことができます。「早めと指示してあるのに、一体いつになったら送ってくるつもりなんだろう」と心配する必要もありません。その資料の準備ができて、「さあ上司に送ろう」と思っていた矢先に「あの資料まだなの？」と言われてしまう心配もなくなりますよね。

私は、大学生のときには経済数学で26点を取ってしまったほど、数字が苦手でした。しかし、テキパキ仕事をこなしている方の会話を聞いていると、数字をベースとした話が多く、それが説得力や安心感につながっていると気づきました。それからは抽象的な話し方ではなく具体的に伝えることを意識していますし、何より「明日の10時までに送りますね」と言うことで締め切り効果も働いて、自分の段取りが良くなる効果もうまく活用しています。

抽象的な言葉を使うことがいけないわけではありません。

ただ、それを具体的に伝えるには、どうすればいいかを考えるクセをつけてみてください。

コミュニケーションが円滑になって、段取りもうまくいくようになるはずです。

33 数値化して客観的に判断する

段取りというのは確実に目標を達成したり、生産性を高めるために行うものですから、ここでも数字を抜きにしては話せません。さらに言うと、数字を使ってのコミュニケーションは不可欠ですから、数字で考える習慣を身につけておく必要はありますね。これについては「32　具体的な言葉で信頼を勝ち取る」でも説明いたしました。

段取りを考えるときには、「いつまでに」「何を」「どれだけ」ということを明確に考えることが必要になるので、そこで大事なのが数字です。数字を明確にすることで、それが達成できなかったときに、何がどれくらい足りなかったのかを客観的に判断することができます。

また、モチベーションを高める効果も期待できます。

目標達成までに何をすべきか、という具体的なアクションが見えてくるからです。

例えば料理です。材料や調味料を揃えても、「何を」「どの程度」「どの順番、タイミングで」使うのかということを把握せずに適当に混ぜてしまうと、うまくはいきません。

旅行のプランなども同様で、来年旅行に行く計画を立てようと思って、旅費を調べてみたところ30万円必要だということになったとしましょう。

そこで毎月3万円ずつ貯金しようと計画したとします。このように数値のある目標を設定すれば、たまたま会社帰りに目に留まったカバンを衝動買いしてしまいそうになっても、「ここは我慢しよう」とその衝動を抑えることができるはずです。目標のために自分の欲をコントロールすることができます。目標が基準を与えてくれます。

一方で、このような数値を含めた目標がないと、その場の雰囲気やそのときの気分などに、「なんとなく」流されてしまいます。

明日の朝、9時から大事なミーティングがあるとすれば、その前日の飲み会は一次会までにして、いつもより30分早く出社する。そのためにいつもより1時間早く起きて、という計算ができるのも、明確な数字を意識しているからに他なりません。

同時に、数値化にはモチベーションを高める効果もあります。

先ほどの旅行の例で言えば、20万円まで貯まったから、来月と再来月は5万円ずつ貯金して、早く貯めきってしまおう！　と、数値化することで、ゴールまでの達成度や自分が努力した結果が目に見えてわかるため、モチベーションが高まるのです。

心理学では自己効力感という「自分はその目標を達成できるのではないかという期待感」を指す言葉があります。この自己効力感を高めるには、進捗の管理がされていることがポイントですから、数値で進捗を管理することは、そのためにも大切なのです。

そもそも人間は、楽してうまくいくならば、なるべく楽をしたいと思う生き物です。だからこそ、**数値を明確にすることで自分を動かしやすくなります**。

本書は50項目で成り立っていますが、原稿の完成期限から逆算をして「毎日何項目書く」、ということを自分のスケジュールに明記しておきました。行動目標ですね。

「できるところまで頑張る」と、数値を持たずに取り組んでいると、うまくアイデアが出なかったり、言葉がまとまらなかったりと行き詰まりを感じたときに「今日はもういいか」となってしまいます。楽をしたいから、甘えが出やすくなってしまうものなのです。その繰り返しが先延ばしの慢性化につながり、期限に間に合わないということになってしまいます。

specify in numbers　数字を明確に

ですから、段取りを組むときには、「○○をする」というのではなくて、きっちりと「○○を××個する」ということを明確にする。そのためにはもちろん、目標や課題も数値化したり、数値として分析をしたりする必要があるのです。

数値で進捗を管理するから現在地がわかりますし、客観的に現状を把握することもできます。段取りがうまく進んでいるのかを把握して、それによってモチベーションを高めたり、想定外の課題を見つけたりすることも、数値化されているからこそできることです。

「アポ取りの電話をかけまくる」のではなく、「1時間に20件電話をかける」とする、「新規顧客獲得数を高める」のではなく「今日は新規顧客を10人獲得する」などとすることで、達成できなくても「どうすればできるか?」を考えられるようになります。

全ての仕事においての数字を考える習慣を持ちましょう。

第4章

集中できる環境をつくろう

34 モノを整理して段取りをスムーズに進める

段取り力を高めるための第一歩は、毎日の出来事の中にあるように感じています。

段取りがうまくいかない人は、頭の中の整理が苦手です。そして、頭の中の整理が苦手な人は、モノの整理も苦手です。

「あの書類どこにあったっけ?」

「去年使った資料ってどのフォルダに入れてたんだっけ?」

となったり、

「なんか前にも同じようなファイルを作った気がするな……」

と思いながらも新しいファイルを作ってしまったり。

パソコンの中のフォルダやファイルも毎日整理する習慣を持っておかないと、知らない間にそのファイルがあることすら忘れてしまって、同じ内容のファイルを2度3度と作るという無駄手間が増えてしまいます。必要なときに必要なものを取り出すことができなくて、余計に時間を費やしてしまいます。

いい段取りをするためには、エネルギーを割くべきことにエネルギーを集中させることが重要です。

頭の中の整理力を高めようと思ったら、まずはモノの整理をすることから始めましょう。

パソコン、机の上、カバンの中の整理をする習慣は持っていますか？

帰宅する前には机の上を整理整頓してから帰る。そのために、どこに何を収納するのかを決める。このときのコツは他人に説明できるレベルにすることです。おおよそこのように分類するというルールを持って毎日書類などを整理する習慣をつけておけば、必要なときに必要なものがスッと取り出せるので「あれどこにあったかな？」と余計な心配をしなくてすみますし、仕事に取りかかるスピードも必然的に速くなります。

家に帰ったら毎日カバンの中に入っているものを取り出して整理する。ペーパーレス化が進んでいるとはいえ、書類は毎日勝手に増えていきますよね。だから毎日カバンから書類を取り出し、本当に必要なものとそうでないものに分けて、必要でないものはばっさりと処分しましょう。そして、明日はどんな日であるかをイメージしながら必要なものを準備するのです。

モノが増えれば増えるほど、モノを管理しなければいけない時間も比例して増えていきます。シンプルに整理するための第一歩は、必要のないものをまずは捨てることです。

「これは本当に取っておかないといけないのか？」

という質問を3回自分に投げかけましょう。よほど重要な資料でない限りは処分しても問題ないはずです。

今取り組んでいるプロジェクトの資料などの重要なものは、しっかりとフォルダを分け、整理して保管します。重要度も緊急度も高いものですね。


重要性は高いけれど緊急性の低いもの。つまり、今すぐ必要でないものは、スキャナーでパソコンに取り込み、Dropboxやevernoteなどのクラウドサービスに保存します。原本はよほど重要度が高いもの以外は捨てます。

重要性も緊急性も低いけれど、もしかしたら必要になるかもしれないと判断できるものはスマホで写真を撮って、自分宛にその写真をメールして保存しておきます。もちろん原本は処分します。

このように皆さんもマイルールを作って、どのように整理したらすぐに取り出せるかを考えてみましょう。モノの整理がうまくなってくると頭の中の整理もうまくなるので、段取りを考える力が高まります。

段取りがうまくできない人はモノを整理することから始めましょう。

整理する仕組みをしっかりと持つことができれば、誰だって仕事の効率も上がることは間違いありません。

35 明日の準備は寝る前にする

段取り力が高い人は、1日の終わりが明日の始まりだと考えています。

だから、仕事が終わるときには資料の整理をしたり、机を整理整頓したりしています。

明日の流れを考えてやることリストを作成し、優先順位をつけてシミュレーションをします。そして朝、出社したら前日に書き出しておいた業務の流れを見直します。

段取りを考えずに、出社してとにかく目に留まったものから順に仕事をこなしていると、

「あれを忘れていた！」となりがちです。

段取りがちゃんとできていないわけですから、そういう事態になると、

「あれもこれもやらなきゃ。でも、こっちも早くしないと！」

と脳内のワーキングメモリーがいっぱいになってしまい、バタバタしてしまいます。

当日の朝にやることリストを書き出していく人もいますが、それだと「この書類間に合

うかな？」「あれもやらなきゃいけないのに忘れていた」と思っていた以上に時間が足りないことに気づいて、「もう少し早く出社すべきだった……」と、結局は中途半端になってしまうことにつながりかねないのです。

前日から余裕を持って準備しておけば、たとえ緊急で仕事の依頼が来ても対応することができますが、当日の朝だとそもそも仕事をやり遂げるために必要な時間がない、ということになってしまう可能性があります。

なんと言っても朝は脳のゴールデンタイム。前日から準備することで、この1日の中でも最も頭がさえている時間をフル活用して、優先順位の高いタスクに一気に取りかかることができるようになります。それによって、アウトプットのレベルが劇的に向上するのです。

意志力は消耗します。脳と同じで朝が最もフレッシュな時ですから、朝起きてからや出社してから「さあ今日は何をしようか」と考えることで意志力を消耗させてしまうのは、生産性の面から考えてももったいないのです。

スティーブ・ジョブズと言えばタートルネックにジーンズが定番ですね。「毎朝何を着ようか？」と考えることで意志力を消耗するのではなく、もう決めてあるから別のことに意志力を集中させることができたのです。初めてのデートでどこのレストランにするかという時も「あそこがいいかな。いやでもあっちのほうが……」と考え始めると疲れてしまいますよね。答えがないものに意思決定をするのは疲れるのです。ですから、帰る前に明日の準備をしておくことで、すっきりと仕事に取りかかることができるようになります。

ただし翌日のスケジューリングをするときに、注意しておきたいことが一つあります。詰め込めすぎず、余白を必ず残しておくことです。先述しましたが、想定外の仕事が入ったり、トラブルが発生したりとイレギュラーが起こることを想定しておくことも段取りにおいて重要な要素でしたね。

前日に明日の予定を組んでおくことで、もし「明日は結構予定が空いているな。余裕があるな」となれば、緊急性は低くても重要度の高い仕事を「先にもう終わらせてしまおうか」と考えることもできますよね。緊急性の低いものは、まだ時間的な余裕もあることから先延ばしの対象となってしまいやすいので、予定に余裕があるときを見つけてはしっかりとこなしておきたいものです。

明日いいスタートダッシュができるかどうかは、今日の夜に決まります。毎日、帰る前、寝る前にできるいい準備について思考を巡らせてみましょう。いいスタートを切ることができれば、１日のリズムがとても良くなるはずです。

Prepare for tomorrow　明日の準備を

36 カンタンタスクでリズムを作り出す

どんな人でも、起きたときからやる気がみなぎっている日と、気乗りしない日とがあるのではないでしょうか。いい睡眠をしっかりとることでいい朝を迎えられる確率を高めることができますが、必ずしも毎朝エネルギーを感じられるとは限りません。

やる気がみなぎっているときは難しいタスクから手をつけても乗り越えることができますが、そうでないときは「ダメだ。うまくいかない……」という結果につながってしまいます。

段取りを組んで仕事を細分化してみたものの、そこから進まず、結果的にやりたいことにも手がつけられなかったということもあるかもしれません。

ヒトは感情の生き物ですから、気乗りしない日があることを否定しても何も前には進みません。そこで自分を追い込む必要はなく、むしろそういう日でも順調に仕事を進めてしまう方法を身につけてしまったほうが、よほど効果的だと思いませんか。

私は週に2回はジムに行きますが、ジムに行く前が、最も心が不安定になりやすいです。やる気がみなぎっているときもあれば、「今日じゃなくても、明日でもいいんじゃないか……」という思いが頭をよぎり、あまり行きたくない気分になるときもあります。

ジムに行ってトレーニングを頑張る自分をイメージするから、気持ちが乗らない。ジムに行って少し体を動かすことだけを目的として軽い気持ちで行くようにすることで、とりあえずジムに足が向くようになります。そして、ジムまで行ってしまえば、自然とやる気が出てきて、「せっかく来たのだから！」ということでエンジンがかかります。

気乗りしない日は、まずカンタンなものから手をつけたり、目的をガラッと変えてしまっても構いません。**小さなステップを乗り越えれば、そのあとは思ったよりもスムーズに前進することができる**はずです。

段取り通りにことが運ばない原因の一つが、感情なのです。

ですから、感情が上向きでないときに難しいものやエネルギーを必要とするものから取りかかろうとしてしまうと、無気力になってしまうだけ。確かに、大きなものを乗り越えたほうが一気にゴールに近づくように感じるものですが、そうしようとして結果としてつまずいてしまうと、やる気がなくなってしまいます。

私の場合、多いときだとA４、１枚分くらいの英語小論文を50人分くらい読んで、添削します。仮に一つ５分でこなしたとしても２５０分、つまり４時間くらいの時間が必要です。「あぁ、これから４時間か」と思うと、とても遠い道のりのように思えて、なかなか手がつけられません。

そこで、さっと全体に目を通して、あまり手を加えずに終わりそうなものを選び、そこから着手します。手を加えないといけないものであれば一つ10分程度かかるものもありますが、一方であまり手を加えなくていいものだと一つ３分程度で終わるからです。カンタンに終わらせられるものからサクサクとこなしていくことで「お、もう10個終わった。いいペースで進んでるぞ」と感じられ、リズムができてきます。

明日の予定を確認して、段取りはしっかりとしてから寝ましょう。しかし、朝起きてあまり気分が乗らないときは、簡単なもの、つまりサクサクできてしまいそうなものから手をつけるように、タスクの順序を変えてみましょう。

いいリズムができて、心を乗せやすくなるはずです。

Create a work rhythm
仕事のリズムをつくる

37 タイマーで集中力を高める

いくら段取りがうまくできるようになっても、それを遂行する力がないと仕事はうまくいきません。遂行する力を引き出すコツにはいろいろなものがありますが、なかでも時間的制約の力を借りるというのは、ここでも効果的だと思います。

適度な緊張感があり、ちょっと頑張れば目標が達成できそうな状態にあるときが、いちばん集中力が高まります。そのような、自然と集中力が高まる状態に自分を持っていくためのコツとして、私はタイマーを活用することをオススメします。

終わりの時間を決めないから、終わりません。テストも制限時間があるから、その中で頑張って結果を出そうとするのです。

時間が無制限で、「いつでもいいので終わったら提出してください」となれば高い集中力を継続的に発揮することは難しいでしょう。資料や課題の作成でもそうですが、締め切りまで時間があると「まだ大丈夫」と違うことを考えてしまう人もいるでしょう。目の前のことに完全集中するということができない状態です。

もう一つは、時間がたっぷりあると「ああでもない、こうでもない」とか「いや、これはこっちのほうがいいかもしれないな」とキリのない迷いが生じて、なかなか前に進めることができなくなってしまう人もいるでしょう。締め切りの直前になってくると「やらなきゃやばい」と選択肢がなくなることで一気に仕上げることができるようになりますよね。余計なことを考えることなく、とにかく仕上げることに意識が向くのです。

このことに私が気づいたのは、大学に向けて受験勉強をしているときでした。電車に乗って高校に通学していた私は、毎朝の通学電車も勉強部屋でした。座れないと勉強ができないので、確実に座るために早く家を出て、空いている各駅停車に乗ります。そして各駅ごとに、「ここまで覚えよう」などと決めてゲーム感覚で取り組んでいました。

たいてい、1駅間が2、3分ですので、その時間的制約があるからこそ集中できている自分を発見しました。それ以降は自宅で勉強をするときにもストップウォッチや砂時計を多用するようになりましたが、やはり時間を意識すると集中力が高まります。机の上にストップウォッチを置くだけで自分との競争が始まります。

マラソンでは42・195キロ走るわけですが、A地点まではどれくらいのタイムで走ればOKで、B地点まではどれくらいのタイムで走るのか、と小さな単位に落とし込んで、そこまでをそのペースで走ろうと思えば、目の前のことに集中しやすくなります。

時間的制約をうまく利用して、資料を作るときには前述の通り、「Aの資料を作る」といった漠然としたことではなく、その資料を作るために必要な材料と手順まで噛み砕きましょう。そして取りかかるときには、「グラフ2の考察を書く」のは15分だと決め、タイマーを15分に設定してスタートしてみましょう。

このときは、なるべくスマホのタイマーではないほうがいいでしょう。他の通知が鳴ってしまうと気が散って、集中が途切れてしまうからです。

気合で集中力を高める必要はありません。誰にでも集中できているときと、集中しなければならないのにできていないときがあるものです。ちょっとした工夫で誰もが集中状態に入ることができるのです。

このように、小さな締め切りをどんどん作って短距離走を繰り返していきましょう。目の前のことへの集中力が高まるはずです。

段取りした通りに仕事がサクサクとこなせていく感覚の、虜になりましょう。

38 脳のコンディションを計画する

皆さんは1日の中で脳のリズムを意識して段取りを組んでいますか？

ここまでにもみたように、1日の中には、脳が活発なときとそうでないときがあります。脳が活発なときに思考力や集中力を要する仕事に取り組むことで、仕事をスムーズに進めることができますが、脳が不活発なときにそれらの仕事に取り組んでも、仕事は捗ることなくストレスにつながってしまうことすらあります。

1日の中で波のように上昇したり下降したりを繰り返す脳のバイオリズムは、まるで潮のようです。闇雲にto doをこなすよりも、その潮の流れを読みながら段取りを立てるほうが生産性が高くなります。

まずは起きてからの2、3時間がそのピークで、最も効率良く脳が働く時間帯です。朝をピークにその波はお昼頃にかけて低下していきます。波が高い状態のときは、集中力も判断力も高くなっているので、思考力と意志力を必要とするものに取り組むことがベストだと言えます。

例えば、文章を書いたり、資料を作成したりなどがそれに当たります。この時間に脳への負荷が低い単純作業やメールのチェックばかりしていると、最もクリエイティブに頭が働く時間帯をムダに過ごしてしまうことになります。スキマ時間でもできてしまうことに、この時間帯にわざわざ取り組む必要性はないのです。

『What the Most Successful People Do Before Breakfast（成功者は朝食をとる前に何をしているのか）』の著者であるローラ・ヴァンダーカムさんは、「早朝は〝意思の力の供給〟が一番高まる時間」だと研究結果を示しています。ですから、直面している課題や、気合を入れて取りかかる必要のある仕事は、この時間帯がベストということになります。

お昼頃にかけて脳の機能が低下して、昼食を食べると眠気が発生します。学生のときも午後すぐの授業はいくら頑張っても眠気には勝てない、ということを経験したことがある人は少なくないでしょう。

お腹がいっぱいになるとセロトニンという脳内物質が分泌されます。このセロトニンはさらに睡眠導入の効果があるメラトニンの分泌を促し、眠気を強めるという働きをします。そのような時間帯にいくら自分に鞭を打って頑張ろうとしても、生理的に脳がスリープモードに入っているわけですから、効率がいいはずがありません。

ですから、私は毎日昼寝をする時間を計算してスケジュールに入れています。パワーナップを取るということです。パワーナップとは簡単に言えば15分から20分程度の仮眠のことです。ミシガン大学の認知心理学の研究でも、パワーナップによって私たちの意志力は回復することがわかっています。その効果は2～3時間続きます。

朝起きたときと同じほどの状態には戻りませんが、自分をコントロールする力が高まり、行動力が高まります。30分以上寝てしまうと逆効果なのできちんと目覚ましをセットして、パワーナップを取っています。布団に入って昼寝をするというよりは、机の上で仮眠する、昼食後に移動を入れて移動のバスで少し寝る、といったイメージです。パワーナップが取れない人は、昼食後に軽く散歩をしてみるのも効果的です。

このようなことは生理現象ですから、それに逆らっても効率は高まりません。むしろ、それを理解した上で、いつ何をするかを決めることが、仕事をスムーズに進める上でとても大切なのです。

あなたはどんなときに頭が冴えていて、どんなときに眠くて集中できないでしょうか。一度振り返ってみてください。

もし仕事の効率が悪いと感じることがあったら、**「何をやるか」と同じように、それを「いつやるか」も大切にしてみましょう。**

順序を変えるだけでも、能率は大きく変わるものです。

39 メールも電話も固めて対応する

「あー、いちいち段取りを考えるのがめんどうくさい。思いつくままにやろう」と仕事を始めたら、効率は間違いなく下がります。

その典型的な例としては、書類をコピーして、少し他の作業をしていたらまたコピーする必要が出てきたので、また別の書類をコピーしにいって。と思ったら、「あれもコピーしておけばよかった」と、コピーをし忘れていたまた別の書類を思い出して……、と、バタバタ落ち着きがなく、無駄な動きが多い状態です。

1日の流れを読んで段取りを考えていたら、コピーはまとめてすれば効率的だということがわかりますよね。

なぜそうなってしまうのかと言うと、やるべきことを頭の中に溜めてしまうからです。

「忘れないうちにやっとかなきゃ」と、思いついたことに振り回されてしまっている状態です。だから頭の中は空っぽにすることが重要なんですよね。

居酒屋などでキッチン内の動きを見ていたらわかりますが、ある程度同じ料理の注文が入った時点で同時に取りかかれば効率良くさばくことができますが、注文が入るたびに、何も考えずに順番にこなしていたら、とても効率が悪いものです。

段取りを考えるときには、**まとめてできるものはないか**ということを常に考えておきましょう。

これはコミュニケーションにおいても同じことが言えると思います。今は電話やメールだけでなく、SNSなどでメッセージやチャットを使って仕事のやり取りをすることが増えています。いつでも簡単に連絡が取れることは確かにメリットだとは思いますが、それに振り回されてしまっている人が少なくないことも事実です。

「あの書類を作ろうと思っていたのに、作れずに終わってしまった」

と、ランダムに入ってくる連絡への対応によって、せっかく立てた段取りや計画が狂ってしまったという経験をしたことがある人もいるでしょう。

ずっとメーラーやチャットなどを開いたままにしていると、当然ながら新しいメールやメッセージが来ていないかを細かくチェックすることになりますし、新着のメッセージがあったらどうしても気になってしまいます。せっかく他のタスクに集中していたのに、それによって集中が途切れてしまったら効率は下がってしまいます。

一度集中力が切れたら、同じくらいのレベルの集中力を取り戻すには15―20分必要だと言われていますから、もったいないですね。

私はタスクに集中する時間は、メーラーは閉じて、よほどのことが予想されるとき以外はスマホも着信音やバイブ音が鳴らないように設定しています。電話に着信があったら、あとでまとめて折り返しの電話をします。電話が鳴ったからといって、すぐに出ないといけない理由もありません。そうすると、電話で伝えたかった内容をメールで送ってきてくれる人もいます。

ですから、やたらと電話をするクセがある人も注意が必要です。電話をしてはいけないのではなくて、相手の仕事の邪魔になっているかもしれないということを認識しておく必要があります。

電話をするならば質問することを整理してからにする。電話を切ったあとに「あぁ、あれも聞かなきゃいけなかったのに」となって、またすぐに電話をかけたりしていては、いかに段取りが悪いかということを露呈してしまいます。

スマホは私たちにとってはツールであるはずなのに、あまりにも多くの人がスマホに支配されているように見えます。

段取りをすることとは、状況に振り回されることではなくて、**あらゆる状況において自分が主導権を握りながら着実に足を前に進めていく**ことなのではないでしょうか。そのためには、「今じゃなきゃ本当にいけないのか」、「あとでまとめてできないか」ということを考えればいいのです。

Take the initiative　主導権を握る

40

中長期計画の緊急度を高める

多くの人が抱える悩みの一つは、緊急度が高く、重要度が低い業務で1日が終わるということではないでしょうか。

緊急度が高い急ぎの仕事が舞い込んできて、それをこなしているだけで仕事をした気分になりますが、重要な仕事はこなせていないまま……ということにもなりかねません。

目の前に飛び込んできたものは目立ちますが、毎日それに追われていると、重要だけど長期的で時間をかけて行うものはいつまでたっても手つかずになってしまいますよね。

そして時間が足りなくなってきてから「ヤバイヤバイ」となってしまう。

例えば私の場合で言うと、本を書くことは1日、2日で終わるものではありませんから、だいたい2、3カ月かけて1冊を書きます。200ページの本を書くために毎日5ページずつ書いたとしたら、40日で終わる計算が立ちます。そこで「そうか90日で仕上げればいいのに40日で終わるからまだ取りかからなくても大丈夫だな」と思って、毎日目先の仕事ばかりに手をつけていたら、「やばい。あと1カ月しかない」となってしまうのです。ギリギリで余裕のないときに急いで書き上げると薄っぺらいものになってしまったり、見直す時間がなく質の低いものになったりしてしまいます。

ですから、このように中長期的に取り組む仕事のような、緊急度は低いけれども重要度の高い仕事をいかに計画的に進めるかということが、質の高い仕事をするためには大切なのです。

仕事を受けたら、まずは重要度と緊急度でマッピングをしてみましょう。

1　緊急でかつ重要であること
2　緊急ではあるが重要ではないこと
3　緊急ではないが重要であること
4　緊急でも重要でもないこと

言うまでもなく4の緊急でも重要でもないことに関しては、やらないことが望ましいでしょう。

ぼーっとSNSに入り浸ったり、必要のないネットサーフィンをしたりすることがこれに当たります。

生産性の高い人がエネルギーを集中させる対象を決めることから始めるのは、集中するというのは何を捨てるかを決めることだからなのです。やらなくていいことをやらないということにこだわります。

先ほども言いましたが、優先順位を整理する上で重要なのが3ですね。どうすればいいかと言うと、緊急度を高めてしまえばいいのです。緊急度が低いから「まだ時間はあるからいいか」となってしまいます。簡単な資料作成だけど1週間もあるから、まだ明後日にやればいいか、と言って、その明後日にトラブルが発生して手がつけられないままになってしまう。緊急度を高めるために、「04　期限は自分で決める」でお話ししたように自分で締め切りを作るということが効果的です。例えば90日で200ページの本を書くならば、40日後に一通り仕上げる、と決めてしまえば毎日サボらず5ページずつ書かないと間に合わないという計算ができて、毎日そのための時間を確保しようという意識を持てます。

Keep your eye on the ball 緊張感を高める

1年くらいの時間をかけるプロジェクトも同じです。小さなゴールをいくつも作って、上手にプレッシャーを自分にかけると、日々の取り組みの中に緊急度の低いものも取り込んでいけます。

緊急度を高める。それが最善の対策法だと思うのです。そうすることで、重要度の低いことに時間を費やす余裕がなくなるのでムダも減ります。「そんなことしている暇はない」となりますよね。

本当にやらないといけない仕事とはなんでしょうか。

あなたが価値を生み出せる仕事とはなんでしょうか。

緊急度が低いけれども重要度の高い仕事は、時間がかかります。しかし、それをバッチリと成し遂げてこそ信頼を勝ち取ることができますから、段取りを組むときに緊急度を高めてしまう、に取り組んでみましょう。

41 アポ取りは終わりの時間も伝える

段取りを良くするための鉄則は、締め切りを作ることでしたよね。ですから、私はアポを取るときに、開始の時間だけでなく終了の時間も伝えるようにしています。

打診をするときから、

「30分お時間をいただきたいのですが」

「1時間お時間をいただきたいのですが」

として、日取りが決まったら、

「それでは13：00―14：00でよろしくお願いいたします」

と伝えます。

時間の制限ができることで、アイデアをまとめてからアポに向かうことへの意識を高められるからです。

その時間内で終わらせようと思えば、余計なことをグダグダ話している暇はなくなります。縛りがあるからこそ、その中でなんとかしようと考え始めるので、その時間の密度が濃くなっていきます。

もちろん、世間話が不要だと言っているのではありませんし、相手との関係を深める上ではそれも重要な要素の一つだと思います。しかし、時間の制限がないと、世間話が長引いてしまって内容のない打ち合わせになってしまった、質問が中途半端なままで終わってしまった、ということになりかねないのです。

そして、その打ち合わせがいつ終わるのかを事前に伝えることは、相手が1日の段取りを考える上でも重要ですし、自分にとっても重要です。

相手も時間内に重要な話を伝えようと思って準備します。

「お、やばい。まだあと三つ詰めておかないといけない話がある」

と思えば、端的に話して、スパッと結論まで持っていこうというスイッチがオンになりますよね。**上手に時間の制約を利用する**ことで質が高まります。

会議も同じですね。会議の段取りを決めるときにも、終わりの時間をなるべくタイトにして設定しておきましょう。

「話し合うことがちゃんと終わらないと困るから」と、会議時間を長めに取る人もいますが、時間的な余裕があることで余談が多くなったりして、ダラダラと進行してしまいがちです。

ミーティングルームが予約制の企業なら、あえて短めの時間で取るのも効果的ですね。そうやって時間の制約を設けておくことは打ち合わせや会議の質を高める、つまり生産性を高める上ではとても重要なのです。

私は、ランチミーティングを積極的に取り入れています。カジュアルに情報交換をしたり、相手との距離を一気に縮めたいときにはランチの時間を利用して、食事しながら会話します。あまり話をしたことがない人やSNS上でつながった面白そうな人をいきなりディナーに誘うのはハードルが高いかもしれませんが、ランチならば誘いやすいですね。一緒に食事をすると、自然と互いに親近感が湧いてきて、思わぬところから協業できるかもしれません。

ランチミーティングをお勧めするのは、何よりディナーと比べて時間がきっちりと決まっているということです。ランチであれば、たいてい1～1時間半くらいですよね。ディナーの場合は、後ろにアポがあるということがランチと比べて少ないですから、ずるずると行ってしまう可能性があります。二次会、三次会と続いてしまうことだってありますよね。

私はディナーを楽しむことも大好きですが、生産性が高いのは圧倒的にランチミーティングです。ランチミーティングで出た面白いトピックをそのまま持ち帰って午後に話を進めることもできますから、一晩置くよりもモチベーションが高い状態で進められるのもいいですね。

アポも会議も、時間的な制約があるから生産性を高めることができます。

そのために、始まりの時間を決めるのと同時に、終わりの時間も決めて共有しておきましょう。

42 場所を選んで集中力を高める

集中して仕事がしたいときに集中できないことは、ストレスになりますよね。

集中力を高める方法は様々ですが、私は環境の力はとても大きいと思っています。

なんと言っても人は環境に大きな影響を受けるものです。

学生の頃、勉強しようと思って自宅の机の前に座ると気になる本が目に入り、勉強せずに終わってしまった……、という経験をしたことがある人は、少なくないのではないでしょうか。

ですから、私は家では本の原稿は書かないし、仕事も最低限のことしかしないと決めています。

私がそもそも怠け者だとわかっているからです。ソファがあれば、快適なソファの上でくつろぎながらパソコンを触りたくなってしまいます。

そうすると脳は活性化されるどころか、おやすみモードに入ってしまうので、眠気に襲われたり、ダラダラしたりしてしまいます。
気合で乗り越えようと思っても、そううまくはいかないものです。

大切なのは、「ここに来たら集中できる」という場所を持つことです。
皆さんは、自分が集中できる環境を持っていますか？

私は集中して一気に仕上げたい仕事があれば、お気に入りのカフェに行きます。必要なものだけをテーブルの上に出せば、ついつい気が散ってしまうものに手を伸ばしたくなることもありません。そして、少しざわざわした環境のほうが、静まり返った場所よりも集中できることが心理学の研究でもわかっているのです。

Ｗｉ－Ｆｉが利用できるところも多いですが、オフラインになっているほうが集中しやすいので、あえてＷｉ－Ｆｉのないカフェに行くこともあります。そして、パソコンをフルに充電して、電源はなるべく持ち込まない。そうするとパソコンの充電が持つ間がタイムリミットになるので、集中力も高まるのです。

場所の力、時間の力をうまく利用して集中力をコントロールすることは、誰にでもできることです。

ジムに行くのと同じようなイメージです。

今は運動器具が安く手に入るので、安くすませようと思えば会費を払ってまでジムに行かなくてもいいように思います。しかし、器具を安く手に入れても数回使ってお蔵入り、ということはよくあることです。

ジムに「行く」、それに適した環境に行く、という行為がとても大切で、「行く」からやります。「せっかく来たのだからちょっと頑張るか」となりますよね。いつでもできる、どこでもできるは「やらない」ということにつながってしまいやすいのです。

今では働き方が柔軟になっていますから、社外でも仕事がしやすい環境が整っていることも多いでしょう。

上司にカフェに行って集中して仕事を仕上げたいということをきちんと申し出たら、許可が出る会社もどんどん増えているようです。

しかし、もちろんそうではない人もいるはずです。その場合は例えば、仕事の段取りを組むときに、社外での打ち合わせと打ち合わせの間隔を少し大きめにとっておいて、その時間にカフェで一気に資料を作ったり、新しいプロジェクトのブレインストーミングをしたりするのも効果的です。

「ここ!」と思える場所を見つけて、どこでやるかということを段取りに含めてみましょう。集中力をコントロールできる術が身につくと、仕事は断然捗るようになります。

Find your little nook お気に入りの場所を見つける

43

付箋でタスクをうまく管理する

タスクを全て見える化する。これはタスク管理において不可欠なことです。見える化するから全体を俯瞰することができますし、抜けなくタスクをこなしていくことができます。

タスクを見える化していないから、いつも突然降りかかってきたタスクに振り回されてしまいます。タスクに振り回されていると、いつまでたっても緊急度は低いけれど重要度の高い仕事を前に進めることはできません。

あなたの仕事の成果を決めるのは、いつも重要度の高いタスクです。

緊急度も重要度も高い仕事はちゃんと進めることができると思いますが、緊急度が低いのに重要度が高いタスクはなかなか手つかずのままになってしまって、締め切りや期日が近づいてから「やばい、どうしよう」となってしまうのです。

今私は、京都を拠点に小さな会社を経営しながら、講演や講座、研修などのために日々いろいろな場所を転々として仕事をしています。その一方で、海外にいる外国人のビジネスパートナーとも毎日たくさんのやり取りをしているので、スケジュールはもちろんのこと、日々のタスクを的確にマネジメントできないと大変なことになってしまいます。

仕事柄、自分で計画を立てながら仕事を動かしていくことが必要なのです。

だから私は月間スケジュールで大きな予定を把握し、毎週日曜日に週間ごとの計画をしっかりと立てます。そのときに1週間分のタスクを、見える化させるのです。

今はスマホなどでto doリストを管理したりできますし、私もいろいろなアプリなどを試しましたが、原始的にも付箋を使ってタスクを管理するのが最も効果が上がるという結論に至りました。

付箋でタスク管理することの大きなメリットは二つです。

何より自由度が高いこと、常に手元に置いてあるのでいつでも確認ができること、この2点が圧倒的なメリットなのです。**1日1ページでノートに付箋を貼って順番を工夫しながらタスクを配置**させていきます。

具体的な行動計画が目に見えるようにすることで、いちいち「さて、何をしようか」と考えなくてすみ、だらだらとスタートを遅らせてしまうのを防ぐことができます。

また、私の場合、文章を書くことが多くありますが、調子が良くて、ついつい没頭してしまうことがあります。そうすると、他の仕事が回らなくなってしまうのですが、そんなときにも手元に付箋ノートがあると、「そろそろ次の仕事に移らないとやばいな」と思えるのです。


そして、予定は計画通りに進まないことが多いものです。

付箋だと配置換えが簡単なので、予定がずれても的確な行動をとることができます。相手の都合などで予定がずれ込むことだってあるでしょう。30分急に空いたとしたら、何かについてのリサーチをスマホでできます。想定外のことが起こることに苛立っても何も進みませんし、そもそも予定は予定通りに進まないものと想定して、フレキシブルに予定を組み替えられないことが問題なのです。

突発的な仕事が舞い込んできても、付箋ノートの上で、どこに配置すればいいかを考え、明日に回しても問題ないものは明日に回す。これも簡単にできてしまいます。

Create a clear To Do List　タスクは見える化する

付箋でタスクを管理するときの注意点を挙げましょう。
まず、一つひとつの行動は客観的に誰でも理解できるレベルまで小さな単位に落とし込むことが大切です。「一口サイズに」といつも言っていますが、シンプルに落とし込みができていないような複雑な To do リストでは結局つまずいてしまって、実行できない可能性が高いからです。

タスクは全部見える化しましょう。そして1週間単位、1日単位で、動かせない予定と照らし合わせながら、どこで何をすると効果的かを整理してみましょう。

第5章

段取り力を高める習慣

44 日頃からコミュニケーションする

「自分の仕事は、人の助けなくして、一日も進み得ないのである」

松下幸之助さんがそう仰ったくらい、仕事を前に進めていくには、いいコミュニケーションが重要です。仕事は一人では完結しません。依頼したり、会議をしたり、承認をもらったり、あらゆる場面で上司や同僚、取引先との関係が重要です。それはこれまでにも見てきた通りですね。ですから、仕事でうまくいく秘訣を一つだけ挙げるとするならば、人に頼ることなのかもしれません。

しかし、コミュニケーションほど日々の積み重ねが左右するものはないのです。
普段、挨拶もしないような人から急にお願いごとをされたら、びっくりしますよね。
「自分の都合のいいときだけ！」という風になることだってあります。

会議でもそうです。日頃から発言しやすい雰囲気を築けていないのに、「なんで誰も発言しないのだ」と嘆いてもうまくはいきません。むしろ、自然と発言したくなるような雰囲気が、社内やチーム内で確立されていることが重要なのです。

心理学では「心理的安全性（psychological safety）」という言葉がありますが、これは「こんなこと言ったらバカだと思われないかな」「あとで叱られないかな」ということを心配せずに参加できる状況を指します。心理的安全性の高いチームを一個人で作り上げていくためには、上司や部下をランチに誘って、仕事のことや仕事以外の他愛もない会話をしたり、一人の人間としての人間関係を少しずつ形成していくことが効果的なのです。

そうすることで、何かわからないことがあったときに質問もしやすいので疑問が早く解消できますし、会議の発言も活発になって、より良い議論ができるようにもなります。

そして、いい関係づくりにおいて効果的なのは、**日頃から他人のいいところ、優れているところに目を向ける**ことでもあります。相手の強みは何か、自分より優れているものは何か。これも日々のコミュニケーションの中で見えてくるものではありますが、段取りを考える上で大事なのは、仕事をそれを得意とする人に任せるということでもありますから、相手のいいところに目を向けておくことは不可欠と言ってもいいでしょう。

いいところに目を向けたら褒めるということも大切です。褒められて嬉しくない人はいませんよね。社内で褒められると仕事のやる気も出て、モチベーションもアップします。

「いつも本当に仕事が早いから、助かってるよ」
「センスがいいよね」
「ピシッと仕上げてくれるし、安定感があるよね」

人は自分で自分を客観的に見ることが難しく、それゆえ自分の強みというものをきちんと認識していないことが多いのです。ですから、日頃からちゃんと相手にそれを言葉にして伝えることで、相手はその強みに自信を持てるようになります。

すると、それに適した仕事は進んで引き受けてもらいやすくもなりますね。

また、直接褒めるということもいいですが、第三者を通じて褒められると嬉しさが倍増します。つまり、その人がいないところで褒めること、感謝すること、です。

「山田くんに○○を頼んだんだけどね、彼はしっかりやることやるし、気が利くね。と、この前部長が言ってたよ」

と、同僚と飲んでいるときに聞くと嬉しいですよね。

心理学では、これをウィンザー効果と呼んでいます。

無理のない範囲で構いません。週に1度は上司とランチをする、他人のいいところを1日に一つ言葉にして感謝する。このような習慣を意識してみてください。

仕事が捗るような空気感が醸成されるはずです。

Be grateful　感謝の気持を持つ

45 振り返りで直観力を磨く

段取りが上手な人は、判断のスピードも速いものです。仕事ができる人は即断即決をして結果を出している、ということを目の当たりにして、「自分とは持って生まれたものが違う」だなんて諦めていないでしょうか。

みなさんもご存知の羽生善治《はぶよしはる》さんは、著書『直感力』（ＰＨＰ新書）にて、「論理的思考の蓄積が、思考スピードを速め、直感を導いてくれる」と仰っています。さらに、

「直感は、本当になにもないところから湧き出てくるわけではない。考えて考えて、あれこれ模索した経験を前提として蓄積させておかねばならない。また、経験から直感を導き出す訓練を、日常生活の中でも行う必要がある。

もがき、努力したすべての経験をいわば土壌として、そこからある瞬間、生み出される

ものが直感なのだ」

と仰っており、**トライアンドエラーを繰り返すことで直感力は磨くことができる**ものだということなのです。

ネットでなんでも調べられてしまう時代ですが、情報を頭に詰め込んであれこれ考えるだけでは直感力は磨かれません。知識としてわかり切っていることでも直接自分で体験してみたら印象が全く違っていたということはいくらでもあります。

やってみないとわからないから、まずはやってみるということ。

ただ闇雲にトライアンドエラーを繰り返すのではなく、それをしっかりと「考える」。トライしたことで生まれた結果を全て受け止めて、考える。同じミスを繰り返さないようにするにはどうすればいいか。もっと良くするにはどうすればいいか。それを一つひとつ真剣に考えます。そうすると、一瞬で勝負を決めてしまうストライカーのような嗅覚が磨かれていきます。

そのために必要なのが、「振り返り」なのです。皆さんは1日の振り返りの時間を設けていますか？

私が学んだケンブリッジ大学の大学院では、振り返りの大切さについて口をすっぱくして言われました。**振り返りの時間を設けることで人は学習をする**ということなのです。

やりっぱなしにするから同じミスも繰り返すし、直感力も磨かれません。

効果的なのは日記を書くことでしょう。仕事で日報を書いている人もいるでしょうが、自分の奥深くまで振り返り、それを文章化するというところまでしている人は少ないように感じます。

日記を書く効用は、理想と現実のギャップをかなり正確に把握できることです。

簡単で構わないので、何より書き出すということが重要です。別に綺麗な文章にする必要はありません。言語化することで、脳内を整理することができるようになるからです。

ですから、私はＤＣＡＰで簡単な日記をつけるようにしています。ＰＤＣＡを並び替えただけですが、今日はどんなことがあったのか、何をしたのか（Do）、それはどんな結果につながったのか（Check）、どうすれば良くなるか（Act）、そして今から何ができるか（Plan）を考えます。ノートの作り方の詳細は拙著『「すぐやる人」のノート術』を参考にしていただければと思いますが、とにかく振り返ることで、行動から学ぶことができるようになります。

直感力を磨くことで決断は早くなり、段取りも断然早く、的確になります。

そのためにはトライをすること、どうすればより良くなるかを真剣に考えること。

時間はかかるかもしれませんが、その積み上げが段取りに磨きをかけてくれます。

46 やりたいことから天引きする

やるべきことは、尽きません。どんな人にも1日は24時間しか与えられていませんから、目の前の仕事に追われるだけで毎日が過ぎていき、やりたいことに時間が割けなくなってはいないでしょうか。

仕事で成果を出している人は、プライベートの時間も確保して、その上でしっかりと仕事でも成果を出しているということを忘れてはいけません。

プライベートの時間をしっかりと確保することこそが、仕事の質を高めるためには不可欠だと理解しているからでしょう。

忙しいからやりたいことができないのではなくて、やりたいことのために時間を確保しないから、やりたいことができないだけなのです。

「仕事が落ち着いたらあれをしよう、これをしよう」と言っていると、一向にできるようになる日は来ないですよね。やりたいことがあったならば、まずスケジュールにそれを入れてしまう。遊びの予定、自分を磨く予定をどんどん確保していく。

そこで重要なのが、天引き思考。時間ができたらやりたいことをやるのではなく、やりたいことを先にスケジュールに書き込んでしまうことを指しています。

誰かとのアポも大切ですが、同じく自分とのアポも大切です。

皆さんの手帳には、自分とのアポはちゃんと入っていますか？　守っていますか？

仕事で成果を出す人は、時間の主導権をどんなときも他人に譲りません。

あなたは、あなたが自由に使える時間を、簡単に誰かに譲っていないでしょうか。

私の場合であれば、読書する、ジムへ行く、セミナーに参加する、会いたい人に会う、食べたいものを食べる、映画を見る、などの自分のための時間をしっかりとまずスケジュール帳に落とし込んでいます。

ちゃんと書いておかないと、私のような意志の弱い人間は、「ジムに行こうと思っていたけど、まあいいか」と重要でもない仕事を引き受けてしまうからです。

自分とのアポを大切にすることで、仕事を早く終わらせることへの意識も高くなります。時間がないから集中力が高まり、その制限された時間の中でどうするかを考えるようになります。時間がたっぷりあるから余計なことに時間を費やしたり、目の前の仕事に集中できないままダラダラ過ごしてしまうのです。

とはいえ、「私は意志力が弱い」と言う人が自分とのアポをしっかりと守るためにできることとはなんでしょうか。

それは、自分の意志によって左右されないようにすることです。

自分とのアポに他人を巻き込んでしまえば、自分だけのアポではなくなります。

例えば、英会話レッスンは曜日時間を固定する。自由予約制で簡単に予約変更ができると、その場の状況に左右されて「また明日でいいか」と、ズルズルと先延ばしが続きます。

読書だってそうです。同僚や家族に「この本を今から読むから、どんな内容だったかまた教えるね」と約束しておくと、自分だけのアポではなくなります。ジムだってそうです。目標とその達成期限を宣言しておくと、ジムに行く予定を簡単にはずらせなくなります。

心理学でいう宣言効果というものですね。

意志の強い人であれば、自分との時間をしっかりと確保してプライベートの時間も有意義に過ごすことと思います。しかし、「忙しい」が口癖になって、自分の時間を確保できていない人は少なくないはずです。

工夫次第で、自分の時間を確保することはできるものなのです。

Honor yourself　自分との約束を守る

47
24時間メモを身につける

私は常にポケットにメモとペンを携帯しています。仕事のときはもちろん、飲み会の場でも、ジムで筋トレしているときも、テレビを見たりコンサートに参加しているときも、メモとペンが手元にないと気持ちが悪いのです。

段取りが悪い人は、会議や打ち合わせですらメモを取ろうとしません。自分の記憶力を過信して、結局は「あれ、なんだったっけな」となってしまいます。それによって確認するという作業を増やしてしまいますし、「すでに説明したのに何を聞いていたんだ」ということにもなりかねません。確認するのをためらってしまい、不安なまま自分の思い込みで仕事を進めている人もいるのではありませんか。

また、メモをするということは自分の脳に情報を残しておくのではなくて、メモという外部装置に情報を保存しておくことなので、脳内に空きスペースが生まれます。

空きスペースがない状態というのは余裕がなく、脳の稼働率が下がってしまうわけです。

メモは段取りの礎なのです。

そして、新聞やネット記事を読んでいるときに「お、これはいいアイデアだな」「これは役立ちそうだな」と思うことがありますよね。その瞬間にメモしないと、あとで記憶を頼りにメモしようと思っても、その頃には記憶が少し曖昧になってしまっています。

以前に経営コンサルタントの小宮一慶《こみやかずよし》さんが講演で、「1日に一つでもいいから数字をメモする」ことの大切さをお話しされていて、それ以降数字をメモすることに意識を置いたのですが、これが資料作成に役立つのです。

例えば、こうして本を書いたり、講演をしたりする際には、もちろん私の考えた、私が大切にしていることをお伝えします。しかし、それだけだったら私の狭い人生の範囲のことに終始してしまいます。

「Aは大切だ」ということを伝えたいとして、例えば「B大学が発表した研究結果を見てもAが大切であるということが考えられます」と数字を使いながら説明したら、説得力がありますよね。本書でも、他の方が仰った言葉を引用したりしていますが、これも説得力を増すためなのです。

日頃から、数字や気になったことをメモしておくことで、資料作りやプレゼン資料作りの段取りを考えるために必要な素材を、ストックしておくこともできます。料理をするときも、材料が揃っているとスムーズに行動へ移していけますね。

私が考えるメモを取るときのポイントは、以下の三つです。

●びっしり書かない

打ち合わせなどでもメモをたくさん取りますが、余白はたっぷり取ります。びっしり書くと何を書いてあるのかわからなくなって、あとで見直したときに読みづらいからです。あれもこれも詰め込んでしまうと、上司に「A社の納期いつだっけ?」と言われたときにすぐに取り出せないということになってしまいます。

私の場合はA6の小さなノートをいつも携帯して、それにメモをたくさん取りますが、それも同じく余白たっぷりです。人は余白があると埋めたくなる。余白があることで、それを振り返りながらいろいろなことを考えやすくなります。

●体裁を気にしすぎないこと

綺麗に書くことが目的となってしまって、結局それで完結してしまっている人も少なくありません。

誰かに見せるわけではないですから、綺麗にする必要はありませんし、むしろ体裁に気を取られて思考が狭まってしまっているほうがよくありません。

●見返す時間を確保する

メモをたくさん取ることは大事ですが、それと同じく見返す時間も大事です。隙間時間にぼーっと眺める程度でもいいので見返しましょう。すると、メモしたときには気づかなかったことに気づけたり、新たな疑問点が浮かんできたりとメモを活用できます。

48

できている人を徹底的に分析する

マイケル・ジャクソン専属振付師で、「THIS IS IT」のディレクターでもあり、レディー・ガガやビヨンセなどの振付やステージプロデュースをしてきたトラヴィス・ペイン氏のイベントで、MC兼通訳をさせてもらったことがあります。

それまではビジネス通訳は少しだけ経験がありましたが、イベントでの通訳、それも世界的に著名な方の通訳は初めてのことでした。

面白そうだし、いい経験になると思ったので引き受けましたが、そのイメージが全然ありませんでした。そこで、エンターテイメントやスポーツの通訳をされている方の動画をたくさん観ることにしました。

あれこれ考えようとするよりも、すでにできている人をたくさん観ることでイメージが膨らみ、何が必要かを分析することができます。

すると見えてきたのは、ファンイベントですから、ペイン氏とファンの方の交流のための通訳ということで、ビジネスとは違ってより感情的なつながりをスムーズに作り出す必要があるということ。

ビジネスでもそうですが、その業界には業界独特の表現などがあります。ファンイベントであれば、ファンの方ならではの言葉があります。例えば、かつてAKB48の「神7」という言葉が流行りましたが、これがなんなのかを知らないと通訳はできませんよね。


ビジネスの場合はどちらかというと情報と情報の交換の要素が強いですが、ファンイベントではちょっとした言葉のニュアンスで楽しさの演出なども考えなければなりません。

そのためにはその業界の用語を徹底して調べ上げること、作品や活動歴などをも調べ上げてインプットしておくことが重要だとわかったのです。英語力、日本語力も通訳としては重要ですが、固有名詞が固有名詞であると理解すること、ファンの用語を理解することも同じく重要であると気づいたのは、できる人の分析をしたからなのです。

こうして私は、初めて引き受ける仕事をしっかり形にするための段取りをすることができました。

落合博満《おちあいひろみつ》さんは『采配』（ダイヤモンド社）において、

「自分がいいと思う物を模倣し、反復練習で自分の形にしていくのが技術という物ではないか。模倣とはまさに、一流選手になる第一歩なのだ。大切なのは誰が最初に行ったかではなく、誰がその方法で成功を収めたかだ」

と仰っていますが、技術や知識を身につけようと思ったら、まずお手本を見つけることが重要なのです。モデリングとも言います。**お手本を見つけたら、しっかりと観察をして、考え方や行動をマネることが成長の第一歩**です。考え方は表面的では掴めないこともあるので、お手本となる人に質問してみるといいでしょう。

そして、自分の中に取り入れたいものは徹底的にマネをして、状況に合わせてアレンジをするのです。

「守破離」という言葉を聞いたことがある人もいるでしょう。千利休が茶道を通して体得したと言われている、人がある道を究めるステップのことです。「守」とは習ったことを徹底してマネる段階。モデリングするということです。「破」とは「守」において型を習得していったものに、自分ならこうするという思いを加えて型にアレンジを加えていくことです。「離」とは、オリジナルを確立していく段階のことです。

段取りの悪い人は、人のマネをしてはいけないと考えてしまう傾向もあります。いきなりオリジナリティを出そうとしてゼロから考えようとしすぎるあまり、どうしていいかわからなくなってしまいます。

いいお手本を見つけることで、ゼロから考えなければいけないということがなくなります。そしてなぜうまくいっているのかを考えてみる、真似をしてみる。

うまくいっている人には、その理由が必ずあるはずなのです。

Find a good role model いいお手本を見つける

49 相手の足取りをイメージする

段取り力とはイメージ力でもあります。

段取りがうまい人は、相手の行動を想像するということに長けています。

例えば、打ち合わせの場所を決めるときに、自分の会社でも相手の会社でもない場所、つまり中立地となる場合は、相手も自分もアクセスがしやすい場所を提案する。

ですから私は、いつも中立地で打ち合わせをするときは、「会社から来られるようでしたら、○○駅のカフェはいかがでしょうか」と尋ねるようにしています。そうすることで、相手は移動しやすいですよね。「どこでもいいですよ」と言われても、忙しい中相手に出てきてもらうわけですから、相手にちょっとした配慮をする。相手の行動経路をイメージした上で打ち合わせの場所を提案することで、相手の負担を減らすことができます。

もちろん場合によっては、「いいえ、その前に○○で別件があるので、○○駅から向かいます」となることもあります。しかし、自分のことをちゃんと考えてくれているのだなということも相手には伝わりますし、いい関係を築く上ではこのちょっとした工夫が効いてきます。

また、書類を送ってそれに記入してほしいときも、その送り方で相手の手間は大きく変わってきますね。

「必要事項を記入して返送していただけますか」

だと、相手はどこが必要事項なのかを確認しなければなりません。しかし、目印に付箋を貼ったり、何か印をつけておくことで、相手はスムーズに行動に移しやすくなります。

これは、メールでも同じです。

「○○の書類のここに不備があるようなのですが、確認していただけますか」

とだけしか送らなかったら、相手はその書類をフォルダから取り出して、その指摘された箇所を探さないといけません。その該当箇所のスクリーンショットを添付するなりすれば、相手は一瞬でそれを確認することができますよね。

相手を動かすためには、相手の心理的ハードルを下げることが重要です。

「めんどうくさいな」と思わせてしまったら、相手のレスポンスは低下してしまいますが、「ここだけでいいですよ」と言われれば、心理的ハードルを感じないので行動を起こしやすくなります。

ですから、相手に「めんどう」と思わせない工夫をするということは、頼みごとをするときにはとても大切であり効果的なのです。

さらに加えて言うならば、予定のリマインドもそうですね。

アポを取ってから、その日まで時間が空くことがあります。そういうときはなるべく前日に「明日はよろしくお願い致します」と確認のメールを入れておく。別に、相手を信用していないということではなく、段取り上手な人は、他人任せにしないのです。

「そうか、明日○○さんが来られるのか。じゃあ、あれのこと相談してみようかな」

と、そのメールを受け取った相手は少なくともあなたとの約束を思い出しますから、ただ時間を取ってくれるだけではなく、相手もそれに向けて準備しやすくなることだってあります。

飲み会の席でアポを取った場合は、あなたはしっかりと覚えていても相手は忘れているかもしれませんから、翌日にその確認メールを入れておくことも大切ですね。
「なんだよ、あのとき約束したのに」と怒っても、仕事は前には進みません。相手任せにするのではなく、自分にできることは何かを考えて先に動く。これが鉄則なのです。

どうすれば相手に動いてもらうことができるか。
どうすればこちらが主体的に仕事を進めていくことができるか。
相手の行動を先読みすることで、仕事の成果を大きく変えられるのです。

Be considerate　相手を思いやる

50 自分とチームの成長を同時に目指す

仕事を抱え込んで人に任せられない人の中には、「自分がやったほうが早いから」というタイプの人もいるでしょう。誰かに任せずに自分でやったほうが楽だし早く終わるとわかっているからです。

しかし、その結果、「時間が全然足りない！」と感じたことはないでしょうか。

このように、自分でやったほうが早いと思ってなんでも引き受けていては、業務量過多になってしまい、結局スピードが落ちたり、急ぐあまりに仕事の質が落ちたり、といったことにもなりかねません。

「ああ、自分だったらここでこうするのに」

「こっちのほうが圧倒的に効率がいいのに」

と、かつての私がそうでしたが、任せると小さなことが気になって、他人がやっていることにいちいち口を出したくなったりもします。そして自分が本来取り組まなければいけない仕事に時間を割けなくなってしまっていました。そうすると、仕事の質が低下してしまうこともあるのです。

こんなことでは、何よりチームが育ちませんよね。自分はいいかもしれませんが、周りはいつまでたってもできるようにならないわけです。仕事というのはそれぞれが強みがあるということを前提として、それぞれの強みを持ってチームで仕事をすることで、一人ではできない目標を達成するためのものではないでしょうか。

そういった意味で周りに仕事を任せられない人は、その役割を果たしていないとも言えるのです。何より部下にリスペクトされないどころか、フラストレーションを与えるばかりになってしまう。長期的には自分の首を締めてしまいます。さらには、チームを崩壊させる結果を招く可能性まであるのです。

そして、あなたが体調を崩してしまったりしたときには、業務が回らなくなってしまいます。チームの生産性は著しく下がり、最悪の場合チームの仕事全体が成り立たないということになりかねないのです。

チームとしての総合力を高めるためには、任せることが不可欠なのです。

本当に有能な人は、必ずしも部下より上司のほうが100%勝っているわけではないと考えていますし、一人でできる範囲を超えた仕事をするためには、任せるしかないということを理解しています。

「自分はこんなに頑張っているのに、どうして同僚や部下は手伝ってくれないのだろう」と感じる人が多いそうですが、それは日頃から仕事を任せていないから、いい信頼関係を築けていない証でもあるのです。自分と組織の将来のことを考えて、周りの人に任せることで、同僚や部下との信頼関係をより強固なものにすることができるのです。

もちろん部下に丸投げするのではなく、その仕事の意義、なぜそれを任せたいのかも伝えることで、責任感を持ってその仕事に臨んでもらうことができるはずです。

そして仕事を任せたことによって成果を出せたときには、その人に労いの言葉を伝えることも重要です。こうしてチームは強固なものへと成長していきますから、個人の力量を超えたプロジェクトでもスムーズに進められるようになっていきます。

「すべての人を自分より偉いと思って仕事をすれば必ずうまくいくし、とてつもなく大きな仕事ができるものだ」（松下幸之助）

仕事はどこまでいってもチームワークです。チームを動かせる人に大きな仕事が任されますから、出世するのもチームを動かせる人です。それは一朝一夕の取り組みでは到底うまくいきません。

自分の力を高め、チーム力を高めるためには何ができるかを、日々考えましょう。

Develop a good team　共に成長する

おわりに――「あの人に任せたら間違いない」

人から信頼されることは嬉しいものです。

私たちは皆、他人から認められたいという欲求を持っています。段取り力を高めることは、周りからの信頼を勝ち取ることに直結すると言っても決して過言ではありません。段取り力を高めることの効果はそれだけではなく、やりたいこともたくさんできるようになります。

だから毎日が充実します。自分の時間を楽しむことができれば、今まで以上に仕事にも気持ちが入ることでしょう。

本書では、段取り力を高めるためのヒントをたくさんご紹介いたしました。

しかし、理解していることと、できることは違います。

Life is like riding a bicycle. To keep your balance, you must keep moving.

（アインシュタイン）

「人生とは自転車に乗るようなものだ。バランスを維持するためには、動き続けなければいけない」という意味ですが、新しい行動習慣を無意識にできるレベルに落とし込むには、毎日意識しながら、コツコツと繰り返していくことが重要です。

段取り力が高い人は小さな一歩の積み重ねを大切にして、無意識にできてしまうレベルに到達していきます。繰り返しの先に、そのレベルが待っているのです。

本書でご紹介したことをすぐに実践していただき、そしてそこから学び、皆さんのオリジナルの段取り術を確立していってください。

「できるようになる」ことは誰でも嬉しいものです。自分が成長できていると感じるときほど自信になるものはありません。**自信をもたらすのは、いつも行動なのです。**

巻末に「段取り力チェックシート」をつけました。仕事で成果がうまく出ないときや効率が落ちているなと思うときは、まずこのチェックシートから確認をしてみてください。きっと見落としていることや実践できていないことがあるはずです。

そして実践できていないことを見つけたらその項目を読み、もう一度チャレンジしてみてください。きっと突破口が見つかることでしょう。その繰り返しを積み重ねて行くことで、皆さんの段取り力はみるみる高まっていきます。

最後になりましたが、ここまでお読みいただき本当にありがとうございました。

この本が皆さんの段取り力を上げるための最初のステップとなると、とてもうれしいです。

私の願いは皆さんがより良い成果を上げ、より充実した毎日を送れるようになる、ということです。

本書の内容を実践しているときに、うまくいくこともあればうまくいかないこともあるかもしれません。そんなときは、私のTwitter（@ryo_cambridge8）までご連絡ください。ハッシュタグ「＃1分間段取り術」や「＃塚本亮」をつけてツイートしていただければ、私がコメントさせていただきます。感想もお待ちしております。

みんなで一緒に段取り力を高めていきましょう。
そしてみんなで一緒により充実した毎日を送りましょう。
これからもどうぞよろしくお願いいたします！

塚本　亮

Check 3

- □ 相手に伝わりやすい言葉を使っているかを振り返る 21(100 p)
- □ メールは短い文章で書き、なるべく早く返信する 22(104 p)
- □ お世話になったとき、必ずお礼メールを送る 23(108 p)
- □ 打ち合わせのあと、内容を自分の言葉でまとめ直す 23(108 p)
- □ タスクの進行はこまめに報告・確認する 24(112 p)
- □ わからないことは質問する 25(116 p)
- □ 仕事相手の情報は、できる限り調べておく 26(120 p)
- □ 簡潔に、要点をまとめて質問する 27(124 p)
- □ アポ取りは、具体的な選択肢を提案する 28(128 p)
- □ アドバイスは素直に取り入れる 29(132 p)
- □ まず、相手の話を聞く 30(136 p)
- □ ホウ・レン・ソウの質を向上させる 31(140 p)
- □ 具体的な言葉、数字で考える習慣を身につける 32(144p) 33(148p)

Check 4

- □ パソコン、机、カバンの中を整理する 34(154 p)
- □ 寝る前に、明日の準備をする 35(158 p)
- □ 調子が悪いときは、無理せず簡単なタスクから始める 36(162 p)
- □ タイマーを使って自分を追い込む 37(166 p)
- □ 脳のリズムを意識する 38(170p)
- □ メール、コピーなどはまとめてこなす 39(174 p)
- □ 相手の時間をリスペクトする 39(174 p)
- □ タスクの重要度・緊急度をマッピングする 40(178 p)
- □ 打ち合わせは、終わりの時間も意識する 41(182 p)
- □ 気分転換・集中できる場所を見つける 42(186 p)
- □ 付箋でタスクを管理する 43(190 p)

Check 5

- □ 日頃から良好なコミュニケーションを心がける 44(196 p)
- □ 日記を書いて、自分の行動を振り返る 45(200 p)
- □ プライベートの予定をしっかり入れる 46(204 p)
- □ 常にメモとペンを携帯する 47(208 p)
- □ お手本にしたい人を見つける 48(212 p)
- □ 相手の段取りをイメージする 49(216 p)
- □ チームワークを意識して行動する 50(220 p)

段取り力チェックシート

Check
1

- □ 仕事のゴールの一歩先をイメージする　01（16p）
- □ 「そもそも」を考える　02（20p）
- □ 仕事を10倍効率的に進められる方法を考えてみる　03（24p）
- □ 完成までの期限は自分で決める　04（28p）
- □ スピード重視なのか、正確性重視なのかを確認する　05（32p）
- □ 意思決定にも期限を設ける　06（36p）
- □ 自分のキャパシティーを超えていないか、確認する　07（40p）
- □ 逆算思考でいくか、積み上げ思考でいくかを決める　08（44p）
- □ 努力の方向性がズレていないか確認する　09（48p）
- □ 想定外に備えるイメージを持つ　10（52p）

Check
2

- □ 煮詰まったときは、頭の中を空っぽにする　11（58p）
- □ 一番重要なことを一言にまとめる　12（62p）
- □ メンバーの強みを考える　13（66p）
- □ 思いついたこと・感じたことをどんどんメモする　14（70p）
- □ 一次情報を足で集める　15（74p）
- □ 集中力が必要なタスク、そうでもないタスクを分類する　16（78p）
- □ PDCAの回転率を意識する　17（82p）
- □ メールなど、パターン化できる業務がないかを考える　18（86p）
- □ ちょっと悲観的な予定を考える　19（90p）
- □ 手元のヒト、モノ、カネ、情報、時間（HMFIT）を確認する　20（94p）

著者紹介

塚本　亮（つかもと・りょう）

1984年京都生まれ。高校時代、偏差値30台、退学寸前の問題児から一念発起し、同志社大学に現役合格。卒業後、ケンブリッジ大学大学院で心理学を学び、修士課程修了。帰国後、京都にてグローバルリーダー育成を専門とした「ジーエルアカデミア」を設立。心理学に基づいた指導法が注目され、国内外の教育機関などから指導依頼が殺到。これまでのべ4000人に対して、世界に通用する人材の育成・指導を行い、学生から社会人までのべ300人以上の日本人をケンブリッジ大学、ロンドン大学をはじめとする海外のトップ大学・大学院に合格させている。
主な著書に『偏差値30でもケンブリッジ卒の人生を変える勉強』（あさ出版）、『努力が勝手に続いてしまう。』（ダイヤモンド社）、『「すぐやる人」と「やれない人」の習慣』『「すぐやる人」の読書術』（共に明日香出版社）、『頭が冴える！ 毎日が充実する！ スゴい早起き』（すばる舎）などがある。

ケンブリッジ式《しき》
1分間段取り《ぶんかんだんどり》術《じゅつ》

〈検印省略〉

2019年　4　月　25　日　第　1　刷発行

著　者――塚本　亮（つかもと・りょう）
発行者――佐藤　和夫

発行所――株式会社あさ出版
〒171-0022　東京都豊島区南池袋 2-9-9 第一池袋ホワイトビル 6F
電　話　03 (3983) 3225（販売）
　　　　03 (3983) 3227（編集）
F A X　03 (3983) 3226
U R L　http://www.asa21.com/
E-mail　info@asa21.com
振　替　00160-1-720619

印刷・製本　（株）ベルツ
乱丁本・落丁本はお取替え致します。

facebook　http://www.facebook.com/asapublishing
twitter　http://twitter.com/asapublishing

ISBN978-4-86667-132-1 C0036

★あさ出版好評既刊★

1分で頭の中を片づける技術

鈴木進介 著

定価1,300円+税

1分で仕事を片づける技術

鈴木進介 著

定価1,300円+税